DER KALTMACHER

IM KOPF DES SERIENMÖRDERS

JÖRG PIESKER

DER KALTMACHER

PAIN MATRIX THRILLER

IM KOPF DES SERIENMÖRDERS

JÖRG PIESKER

DER KALTMACHER

Ein PainMatrix Thriller

von

Jörg Piesker

Alle Thriller der Serie hier:

https://www.joerg-piesker.de/pain-matrix/

DER KALTMACHER

Ein Pain Matrix Thriller von Jörg Piesker

https://www.joerg-piesker.de/impressum/

www.joerg-piesker.de

ISBN: 9798871484333

VORWORT

Der Kaltmacher

Liebe Leserinnen, liebe Leser,

man sagt, die Schatten des Bösen werden von den Seelen geworfen, die ihm nicht entkamen. In »Der Kaltmacher« begeben Sie sich auf eine Reise in die Abgründe des Bösen, in das verstörende Labyrinth eines Serienmörders, dessen kalte Spur das Blut in den Adern gefrieren lässt.

Volker Eckert (in dem Thriller Torsten Krause genannt) wurde zu Lebzeiten als »Der Kaltmacher« bekannt. Ein Phantom des Grauens, das sein wahres Gesicht unter einer Maske aus Täuschung und Manipulation verbarg, und dessen Taten ein Echo des Schreckens erzeugten, das bis heute nachhallt.

Dieser True Crime Thriller enthüllt die düsteren Pfade, auf denen Volker Eckert wandelte, und öffnet die Tür zu den verstörenden Gedanken eines Mörders, der in der Abwesenheit von Empathie und Moral seine eigene, entsetzliche Realität schuf. Die Polaroidfotos, die er von seinen Opfern machte, sind stumme Zeugen ihrer letzten Augenblicke –

Bilder, die auch ohne Eckerts perfide Kommentare schon mehr erzählen als tausend Worte, aber auch Geheimnisse bewahren, die tief im Dunkel begraben liegen.

Beim Lesen dieser Seiten werden Sie Zeuge eines subtilen Horrors, gewoben aus den düsteren Fäden der menschlichen Psyche. Die Geschichte von »Der Kaltmacher« ist keine bloße Chronik von Verbrechen; sie ist ein Blick in das Herz der Finsternis, eine Erkundung der Frage, wie ein Mensch zu einem Monster werden kann.

Halten Sie sich fest, denn diese Seiten sind ein Strudel aus Spannung und Furcht. »Der Kaltmacher« ist eine Reise in die Jahre 1959 bis 2001 und in die Abgründe des Verbrechens, die Sie nicht so schnell vergessen werden. Tauchen Sie ein in die Welt des Unfassbaren, und lassen Sie sich von der Natur des Bösen fesseln.

Möge Ihre Neugierde Sie führen.

Mit gespannter Erwartung,

Jörg Piesker

KLAPPENTEXT

Der Kaltmacher

Er wollte ihre Haare berühren.
Sie wollten das nicht.
Dann nahm er sich, was er begehrte. Immer wieder.

In den dunkelsten Ecken der Stadt, wo die Schatten ihre grausame Melodie spielen und das Schweigen der Nacht den Atem stocken lässt, lauert die abscheuliche und unstillbare Obsession eines Mannes, der nur als ›Der Kaltmacher‹ bekannt ist.

In »Der Kaltmacher« taucht der Leser in die düstere Geschichte eines realen Serienmörders ein, der die Gesellschaft über Jahre hinweg in Angst und Schrecken versetzte.

Schon als kleiner Junge spürte Torsten eine unheimliche Faszination für Haare, die sich zunächst nur in einem unschuldigen Interesse äußerte. Doch schnell entwickelte sich diese Vorliebe zu einem gefährlichen Fetisch und schließlich zu einem mörderischen Zwang.

Torsten begeht seinen ersten grausamen Mord mit gerade einmal vierzehn Jahren und hinterlässt von da an eine Welle des Entsetzens in Deutschland. Doch seine Lust kennt keine Grenzen und er tritt eine furchterregende Reise durch ganz Europa an, stets auf der Jagd nach neuen Opfern, deren Haare seine Begierde immer stärker entfachen.

Zufälle und Fehler von Behörden ermöglichen einem der gefährlichsten Menschen der deutschen Kriminalgeschichte, eine unfassbare Mordserie zu vollziehen.

In »Der Kaltmacher« offenbart sich die furchterregende Psyche eines realen Serienmörders, der mit seiner blutigen Spur die Abgründe der menschlichen Seele offenbart. Ein packender Thriller, der den Leser in einen Sog aus Verstörung und Spannung zieht und seine Nerven bis zur letzten Seite auf eine harte Probe stellt.

KAPITEL EINS

Sandy lag vor mir, auf meinem Bett. Ich hatte sie wieder zwischen meinen gespreizten Beinen platziert, nahe an meinem Hodensack. Mit weiten Augen betrachtete ich sie von oben bis unten, spähte unter ihren Rock, während ich mein Glied gedankenversunken mit den Fingern knetete. Ich hatte etwas Verbotenes getan. Aber ich konnte nicht anders. Begehrlich glitt mein Blick zu ihren schwarzen langen Haaren und verharrte dort gebannt. Dann beugte ich mich vor und wuschelte mit beiden Händen lange darin und zog ihren Kopf spürbar an meinen Genitalbereich heran. Meine Erregung wurde prall.

Was ich tat, war böse, aber zugleich auch natürlich für mich. Denn meine Mutter und meine Schwester Yvonne hatten ebenfalls solch wunderschön langes Haar, das ich schon immer bewunderte.

1968 hatte ich den ersten Orgasmus im Leben, dank Sandy. Besser gesagt, dank Sandys Haaren. Sandy war eine Puppe und ich war neun.

Diese Kombination zwischen einem Orgasmus und dem Gefühl, in Sandys Haaren zu wühlen, wollte ich immer öfter haben. Es waren anfangs Höhepunkte ohne Ejakulation, die kam erst später dazu. Meine Schwester durfte nicht wissen, dass ich mir Sandy oft auslieh. Aber schon bald war Sandy öfter in meinem Zimmer, als bei Yvonne. Eines Tages fragte Yvonne mich, ob ich Sandy geschenkt haben möchte. Ich sagte sofort ja und Sandy gehörte mir. Das musste ein Geheimnis zwischen meiner Schwester und mir bleiben. Hätte meine Mutter davon erfahren, hätte ich mein blaues Wunder erleben müssen. Yvonne hielt dicht. Yvonne musste damals gewusst haben, dass etwas mit mir nicht stimmte. Aber wir redeten nie darüber und sie stand immer zu mir. Immer. Yvonne war zeitlebens mein Halt. Niemand sonst konnte mir das geben. Ja, zu meiner Schwester empfand ich eine ganz besondere Zuneigung. Doch es war keine krankhafte, oder sexuelle, sondern eine ehrliche und tiefe Verbundenheit. Sie war wie ein Engel für mich, eine Lichtgestalt in meiner düsteren Welt. Wenn ich in ihr Zimmer ging, um heimlich an ihren Haaren zu riechen, wenn sie schlief, dann fühlte ich mich geborgen und geliebt.

Die Jahre vergingen und ich wurde älter. Im Jahr 1974, mit vierzehn Jahren, hatten sich meine delphischen Triebe immer mehr entfaltet. Zu dieser Zeit war es auf der Hand liegend, dass in meinem Inneren eine kleine Flamme der Obsession züngelte, die eines Tages ein loderndes Feuer werden würde.

Ich onanierte mehrmals am Tag, ohne dass ich Befriedigung erlangte. Mitschüler redeten unablässig über die Geschlechtsteile der Mädchen und wie man einen Zungenkuss vollzog. Ein Zungenkuss ekelte mich und weibliche Geschlechtsteile interessierten mich nicht, denn was mich erregte, waren die langen Haare der Mädchen. Ich war für meine Schulkameraden uninteressant und sie waren ohne Belang für mich.

Heikes Anblick erregte mich zutiefst. Sie saß in der Schulklasse vor mir und ich konnte weder meinen Blick von ihr abwenden, noch war ich imstande, dem Unterricht vollständig zu folgen. Mit rotem Gesicht und permanenter Erregung in der Hose saß ich hinter ihr und flehte innerlich, dass ich nicht an die Tafel gerufen wurde. Eines Tages gab ich mir einen Ruck und sprach sie an. Doch sie ließ mich abblitzen. Sie fand mich wohl nicht attraktiv genug.

Diese Abfuhr trieb mich an den Rand des Wahnsinns. Wie sollte ich sie nun berühren? Nicht imstande, ihr Nein zu akzeptieren, konnte ich mich kaum noch auf etwas anderes konzentrieren. Immerzu dachte ich an Heike – genauer gesagt, an ihre wunderschönen langen Haare. In meinen Tagträumen ließ ich meine Finger durch die seidigen Haarsträhnen gleiten und sog ihren Geruch auf. Meine Träume waren beinahe real. Ich wusste, dass nichts auf der Welt mir ein tiefgehenderes Gefühl von Geborgenheit und Erregung bereiten konnte.

Wegen meiner nachlassenden schulischen Leistungen handelte ich mir Ärger ein. Obwohl ich immer noch bessere Zensuren hatte, als die meisten anderen, sanktionierte meine Mutter mein Leben immer mehr. Sie war ein tyrannischer Mensch, der keine Zuneigung zeigen konnte und unter dem auch mein Vater und meine Schwester litten. Es war ein Schock für mich, als meine Mutter meinen Vater unerwartet rauswarf. Auf einmal war ich ihr vollständig ausgeliefert. Nun, da mein Vater nicht mehr da war, entlud sie ihre Aggressionen direkt bei mir. Wäre meine liebe Schwester nicht gewesen, hätte ich mich damals aus dem Fenster gestürzt. Yvonne, geliebte Schwester. Ihr habe ich viel zu verdanken.

Mein Sexualtrieb wurde immer stärker und meine Selbstbefriedigung immer resultatloser. Einzig meine Fantasien wurden immer realer.

An einem warmen Julitag des Jahres 1974, ich war vierzehn, fasste ich einen Entschluss. Nachdem ich wieder stundenlang Heikes frisch gewaschene Haare bewunderte, eilte ich nach der Schule nach Hause. Heike wohnte im Nebenhaus. Die Dachböden waren über einen Kriechgang miteinander verbunden, was ich zuvor schon mehrfach erkundet hatte. Viele Male hatte ich sie von dort aus beobachtet und mich dabei selbst befriedigt, ohne dass sie jemals eine Ahnung davon hatte. An jenem Tag lauerte ich wieder dort oben in meinem Versteck. Dann hörte ich sie. Mit schnellen Schritten eilte sie die Stufen empor. Je näher sie kam, desto schneller hämmerte mein Puls. Endlich sah ich sie durch den Schlitz der Dachluke. Ihr Haar aus dieser Perspektive zu betrachten war ein außergewöhnlich erregendes Gefühl. Ahnungslos schloss sie die Wohnungstür auf, ging hinein und warf die Tür hinter sich ins Schloss. Ich ließ die Dachluke herunter, stieg die Leiter herab und schloss die Luke wieder. Einigermaßen ratlos, was ich als Nächstes tun sollte, legte ich mein Ohr an ihre Wohnungstür, doch es waren keinerlei Geräusche zu vernehmen. Ich zog mein Hemd aus der Hose, damit mein Ständer nicht zu sehen war. Dann klingelte ich. Mein Herz wummerte bis in meine Kehle. Heike riss die Tür auf und sah mich an, teils erstaunt, teils angewidert. »Torsten! Was willst du denn hier?«

»Kannst du mir in Erdkunde helfen? Wir schreiben doch morgen die Klassenarbeit.«

Kurz verzog sie eine skeptische Miene. »Also gut, komm rein.« Sie ging vor. Ich folgte ihr, schloss die Tür hinter mir. *Heute werde ich dich endlich berühren*. In ihrem Zimmer deutete Heike auf ihr Bett. »Setz dich«, sagte sie und ging zu ihrem Schulranzen. Ihre Worte drangen wie durch Watte zu mir, mein Atem wurde so schnell, dass ich kaum ein Wort hätte herausbringen können (das passierte mir ständig, wenn ich mich aufregte). Sie hob ihre Schultasche auf, dabei fiel ihr langes Haar nach vorn und baumelte vor ihr in der Luft.

In diesem Moment brach der unbändige Trieb, sie zu würgen und in ihren Haaren zu wühlen, aus mir heraus. Blitzschnell packte ich ihren Hals und drückte mit aller Kraft zu. Heike krächzte und zappelte – aber ohne Erfolg. Meine körperliche Kraft überflügelte die ihre bei Weitem. Nach kurzer Zeit schon verlor sie das Bewusstsein, ihre Augen verdrehten sich, bis das Weiß zu sehen war und sie sackte in sich zusammen. Ich ließ sie zu Boden gleiten und betrachtete sie. Sofort verspürte ich den Drang, ihre Haarpracht zu berühren. Zitternd bewegte ich meine ausgestreckten Finger in die Richtung. Doch bevor ich sie erreichte, bemerkte ich, dass sie noch atmete. Der Gedanke, dass sie die Augen aufschlug und mich anstarren würde, versetzte mir eine derartige Panik, dass meine Erregung sich zurückbildete. Sie würde gewiss nach Hilfe schreien, die Polizei würde mich ins Gefängnis stecken. Dort drinnen würde ich für Jahre keine Mädchenhaare zu sehen bekommen. Ansatzlos umklammerte ich erneut ihren Hals, dieses Mal von vorn. Ich presste so lange zu, bis ihr Gesicht und ihre Lippen blau anliefen. Der Gedanke an eine drohende jahrelange Haft spornte mich an, weiter wie von Sinnen zuzudrücken. Als ich schweißnass war und meine Armmuskeln krampften, lockerte ich behutsam meinen Griff. Minutenlang verharrte ich über ihr und starrte sie fasziniert an. Heike war perfekt, so still und so schön. Ich ging näher an sie heran, um sicherzugehen, dass sie nicht mehr atmete. Heike war tot. Meine Gedanken sprangen unstet, sollte ich nicht schnellstmöglich aus dieser Wohnung verschwinden? Immerhin konnten ihre Eltern zurückkehren. Ich entschied mich – nein, ich muss das korrigieren, eine äußere Kraft bewog mich dazu, dass ich mich neben Heike kniete, mich vorbeugte und mit beiden Händen durch ihre Haare fuhr. Mit langsamen Bewegungen und geschlossenen Augen glitt ich genießerisch durch ihre Mähne. In Anbetracht der Berührungen war meine Erregung unbeschreiblich. Ich atmete heftig, während ich Heikes Haare mit meinen Fingern umkrallte und ein Samenerguss über mich kam, ohne dass ich mich berührte. Einen so heftigen Orgasmus hatte ich zum ersten Mal im Leben. Ich erhob mich danach, öffnete die Augen wieder und lächelte.

Wie von Sinnen lief ich durch die Wohnung, bis ich in einer Küchenschublade eine Schere fand. Dann eilte ich zurück zu Heike, kniete mich neben ihren Kopf und drehte ihn zur Seite. Ihr Hinterkopf war mein Ziel. Ich schnitt eine lange Strähne ab. Das Haarbüschel verstaute ich sorgfältig in einer Papiertüte, die ich ebenfalls aus der Küche mitgebracht hatte. Die Tüte mit den Haaren darin schob ich in meine Hosentasche, denn für das, was nun vor mir lag, brauchte ich beide Hände. Ich konnte Heike keinesfalls so zurücklassen, die Spuren würden möglicherweise zu mir führen. Schon während ich Heike erwürgt hatte, kam mir die Idee, ihren Selbstmord vorzutäuschen. Eilig riss ich eine Gardine herunter, schnitt den Stoff in breite Streifen und verflocht diese zu einem Zopf. Als ich das Flechtwerk fertig in meiner Hand hielt, musste ich mich damit unweigerlich neben Heike knien. Ich legte die geflochtene Gardine dicht neben ihren Kopf, zog drei Haarsträhnen durch meine Finger und begann, auch aus Heikes Haaren einen Zopf zu flechten. Abermals wurde ich erregt durch diese Berührungen.

Ich verlor die Zeit, begriff ich, öffnete ihre Haare wieder und ging mit den Strick aus geflochtenem Gardinenstoff zum Fenster. Ich schlang den Strick um das Fensterkreuz und verknotete ihn fest daran. Dann ging ich zu Heike, griff ihr unter die Arme und zog sie zum Fenster. Ich setzte sie aufrecht gegen die Wand. Nun bemerkte ich, dass mein Plan einen Fehler barg. Ich musste zuerst den Strick um Heikes Hals legen. Dann konnte ich sie daran hochziehen. Also löste ich meinen selbstgeflochtenen Strick wieder vom Fensterkreuz und bastelte eine Schlaufe, die ich um Heikes Hals legte. Heike war inzwischen in sich zusammengesackt. Es war ziemlich anstrengend, sie indes immer wieder aufzurichten.

Ich war mittlerweile derart verschwitzt, dass ich am liebsten das Badezimmer benutzt hätte. Das unterließ ich natürlich. Es gelang mir, das lange Ende des Stricks um das Fensterkreuz zu schlingen, während ich die immer wieder umkippende Heike jedes Mal aufrichtete. Ich zog nun mit aller Kraft, doch es war schnell klar, dass ich sie auf diese Weise nicht hochgezogen bekommen werde. Also griff ich erneut unter ihre Arme, dieses Mal von vorn, und hob Heike in den Stand. Das lange Ende des Strickes hielt ich derweil krampfhaft fest in der Hand. Als ich Heike vorsichtig losließ, gab es einen Ruck und der Strick rutschte mir beinahe aus der Hand. Schnell packte ich mit beiden Händen zu und hielt gegen. Es funktionierte, Heike hing so weit oben, dass ihre Füße geradeso den Boden berührten. Während ich auf das Fensterbrett stieg, hielt ich immer weiter den Strick fest in meinen Händen, denn ansonsten wäre sie wieder zu Boden gefallen und die ganze Arbeit hätte von vorn begonnen. Oben angekommen wickelte ich den Strick mehrmals um das Fensterkreuz und schnürte einen festen Knoten. Ich stieg herunter, ging drei Schritte zurück, betrachtete zufrieden mein Werk und berührte dabei die Haarsträhne in der Plastiktüte in meiner Hosentasche.

Damit würde ich für immer und ewig an Heike denken können.

KAPITEL ZWEI

Ich fühlte mich so gut, wie noch nie in meinem Leben. Nachdem ich Heike noch eine Zeit lang bewundert hatte, verließ ich ihre Wohnung schleichend, kroch über den Dachboden zurück in unser Haus und ging ins Badezimmer unserer Wohnung. Es war sechzehn Uhr, meine Mutter würde in einer Stunde von der Arbeit kommen. Genug Zeit, mich unter kaltem Wasser oberflächlich zu waschen. Danach zog ich mich an und ging mit einem Fußball unterm Arm auf die Straße. Pfeifend trieb ich mich in der Nähe des Nachbarhauses herum, um zu erleben, wie es weiterging. Doch es geschah zunächst nichts, sodass ich mich auf den kleinen Ballspielplatz begab, der sich gegenüber auf der anderen Straßenseite befand. Als Heikes Mutter die Straße entlang kam, schlug mein Herz schneller. So unauffällig es mir möglich war, kickte ich mit meinem Fußball herum. Sie blickte kurz zu mir herüber, ich winkte ihr zu, sie schaute weg, als hätte sie mich nicht gesehen. Genauso eingebildet wie Heike. Ich behielt meinen Ball unterm Arm und spähte zu Heikes Haus herüber. Abermals geschah nichts, obwohl ihre Mutter sie schon längst entdeckt haben musste. Ich legte den Ball auf den

Boden, setzte mich darauf, stützte mein Kinn auf die Hände und behielt die Umgebung im Blick.

Wenige Minuten danach hielt ein beigefarbener Lada vorm Haus, zwei Männer, glatt gekämmte Haare, schwarze Lederjacken, stiegen aus dem Wagen, sahen sich um und verschwanden flink in Heikes Haus. Da auch nun wieder lange Zeit nichts geschah, dachte ich daran, in den Hof des Hauses zu gehen. Von dort aus würde ich das Küchenfenster sehen können, an dem Heike aufgebammelt war. Doch ich verwarf diese reizvolle Idee gleich wieder, da ich mich damit verdächtig gemacht hätte. Es war nicht einfach, die Zeit vergehen zu lassen und nichts zu tun.

Plötzlich traten die Polizisten – die Männer mit den schwarzen Lederjacken waren definitiv Polizisten – aus dem Haus und blieben draußen stehen. Heikes Mutter war hinter ihnen. Ich grapschte meinen Ball und ging näher heran, sodass ich lauschen konnte.

»Sie hatte Streit mit Nicole«, wimmerte Heikes Mutter vor den reglosen Polizisten. Sie wirkte nun gar nicht mehr so überheblich, haha.

»Das hat sie belastet. Heike war ein sensibles Mädchen.«

Sensibles Mädchen? Redeten wir gerade von derselben Heike? Dann heulte Heikes Mutter und legte ihren Kopf auf die Brust des einen Polizisten. Der andere, der große mit dem Bürstenhaarschnitt, sah sich um, erblickte mich und rief: »He, du da, Junge! Komm mal her, aber sofort.«

Das ließ ich mir nicht zwei Mal sagen, klemmte meinen Ball unter den Arm und stakste mit gespielt respektvoller Miene zu *Bürste*.

»Wie heißt du?«, blaffte *Bürste* mich an.

»Das ist Torsten«, ergriff Heikes Mutter weinerlich das Wort. »Er wohnt im Nebenhaus und geht mit Heike in eine Klasse.«

»Torsten also.« *Bürste* kam spürbar nahe an mich heran.

»Wie gut kanntet ihr euch, Heike und du? Wart ihr befreundet oder nur Klassenkameraden?«

Mein Theaterstück begann! Ich legte eine verschreckte Miene auf und sah Bürste unterwürfig an. »Wieso sagen Sie *kanntet?* Ist etwas mit Heike passiert?« Ich ließ meinen Ball fallen und quetschte mir eine Träne heraus. »Ist Heike etwa ...«, spielte ich den Schockierten und machte einen Schritt in Richtung Heikes Haus. Bürste packte mich am Hemd und hielt mich zurück. »Hierbleiben, Junge.«

»Was ist mit Heike?«

»Ganz ruhig, Junge«, sagte Bürste, sah sich unsicher um. Ha ha, was sollte der Polizist nun mit einem Jugendlichen, der fast noch ein Kind war, anstellen? Unsicher stammelte er: »Was passiert ist, erfährst du früh genug. Jetzt notiere ich erst einmal deinen Namen und deine Adresse, Klar?«

»Ja.« Ich spielte den braven Jungen ziemlich gut.

»Dann beantworte jetzt meine Fragen: Wie habt ihr euch verstanden, wart ihr Freunde?«

»Ich glaube, wir haben uns gut verstanden. Wir sind beide gute Schüler, sind zusammen bei den Pionieren.« Ich schwieg, stellte mich hilflos und wartete.

Bürste kritzelte in seinem Notizbuch, während der andere Heikes Mutter bewachte, als wäre sie eine Schwerverbrecherin.

»Wirkte Heike in letzter Zeit verändert?«

Ich zuckte mit den Schultern. »Weiß nicht. Mädchen sind immer irgendwie komisch ...« Ich spielte mit dem Ermittler, er biss an.

»Du verschweigst doch was. Raus mit der Sprache, Junge. Was hast du beobachtet?«

»Nix Besonderes. Heike hatte nur mal wieder Streit mit Nicole. Das hat sie scheinbar mitgenommen. Hätte ich geahnt, wie traurig sie das gemacht hat ...« Ich konnte damals schon auf Kommando eine Träne kullern lassen.

»Schon gut, Junge. Du kannst ja nichts dafür.«

»Wie ich es Ihnen gesagt habe«, keifte Heikes Mutter den Polizisten an. »Diese Nicole ist ein Biest, sie ist schuld daran, dass meine kleine Heike jetzt tot ist.« Die Mutter lief heulend ins Haus zurück. Einer der Kriminalbeamten wollte ihr hinterhergehen, Bürste befiehl ihn zurück und wandte sich dann mir zu. »Gut, Junge«, sagte Bürste zu mir. »Falls wir weitere Fragen haben, melden wir uns. Jetzt kannst du gehen.«

Wie ich nach zwei Tagen erfuhr, wurde der Fall zu den Akten gelegt. Ich hatte alle getäuscht, das erfüllte mich mit diebischer Zufriedenheit. Niemand konnte ahnen, was ich wirklich getan hatte.

In den folgenden Jahren verhalf mir Heikes Haarsträhne zu zahllosen Momenten der Befriedigung. Dennoch belästigte ich immer wieder Mädchen, befriedigte meine dunklen Triebe auf verborgene Art und Weise, indem ich ihre Haare berührte und mich selbst befriedigte, nachdem meine Opfer gegangen waren. Es wurde zu einer Routine, dass ich ihnen wie zufällig über den Weg lief und sie ansprach. Ich gestaltete die Gespräche freundschaftlich, sodass eine gewisse Ebene des Vertrauens entstand. Sobald der richtige Zeitpunkt dafür da war, griff ich den Mädchen in die Haare. In diesen Augenblicken fiel es mir schwer, mich nicht auf sie zu stürzen, meine innere Erregung war unvorstellbar. Was für eine Selbstbeherrschung mich das jedes Mal gekostet hat! Ich machte dann alberne Witze, damit mein Übergriff harmlos wirkte und sie nicht davonliefen.

Diese Begegnungen verschafften mir immer weniger Befriedigung. Ja, ich hatte auch normale sexuelle Beziehungen in dieser Zeit, doch sie erfüllten mich nie. Ich sehnte mich immer wieder nach Haaren, nach der Kontrolle über meine Opfer. Meine damaligen Beziehungen verliefen immer auf die gleiche Weise: Ich wünschte mir, sie fesseln und hinter ihren Rücken onanieren zu dürfen, während ich mich an ihren Haaren vergriff. Allen Mädchen kam das eigenartig vor, zumal ich meistens keinen Verkehr mit ihnen vollzog. Sie trennten sich nach kurzer Zeit von mir. Nur eine war anders, aber von der trennte ich mich. Chantal war sofort Feuer und Flamme von meinem Vorschlag gewesen. Allerdings sollte ich gefesselt werden und sie wollte meinen Anus penetrieren. Beides stieß mich ab. Ich kann es nicht ausstehen, wenn ich gefesselt bin. Noch weniger kann ich es ertragen, dass sich jemand an meinem Hinterteil zu schaffen macht. Wenn ich Chantal danach irgendwo gesehen habe, machte ich einen großen Bogen um sie. Chantal war nicht die Lösung für meine Sexsucht, normaler Sex aber auch nicht. Ich war in einer schwierigen Situation, weil mein Trieb mein ganzes Leben dominierte. Zu den unmöglichsten Gelegenheiten überkam mich die Geilheit, sodass ich mich mehrmals am Tag befriedigen musste. Ich folgte aus diesem Grund Mädchen und Frauen mit langen Haaren, um sie aus einem Versteck heraus beobachten zu können. Das alles verlor seinen Reiz. Nichts schien mich während des Onanierens zu erfüllen. Einmal war ich kurz davor, mit Yvonne, meiner Schwester, darüber zu reden, unterließ es aber. Ich liebte Yvonne und wollte auf keinen Fall riskieren, dass sie sich von mir abwendet – wie all die anderen Mädchen.

Was blieb mir also? Mein Vater war von meiner Mutter rausgeworfen worden und meiner Mutter hätte ich meine Fantasien niemals anvertraut. Die Zeit für den nächsten Schritt war also gekommen.

KAPITEL DREI

1979 hatte ich endlich eine eigene Wohnung und somit eine wohltuende Distanz zu meiner Mutter. Meine Schwester Yvonne besuchte ich regelmäßig, meinen Vater sah ich nur noch selten und Freunde hatte ich keine. Den Kontakt zu Menschen empfand ich als belastend. Gespräche langweilten mich, da all meine Gedanken sich um meine Triebbefriedigung drehten. Zudem konnte ich keinerlei Zuneigung zu Menschen hegen (außer zu Yvonne). Mitgefühl, Trauer oder Freude hatte ich, wenn erforderlich, vorgespielt, aber niemals empfunden.

Mein zwanzigster Geburtstag stand bevor und in Anbetracht dieser (für mich damals) fortgeschrittenen Zahl, dachte ich an das, was hinter mir lag, und es schauderte mich vor dem, was dieses Leben mir noch abverlangen würde. Ich hatte einen Mord auf dem Kerbholz sowie an die zwanzig Körperverletzungen und versuchte Vergewaltigungen. Die meisten Mädchen hatten das nicht angezeigt. Zwei Mal wurde ich dennoch aufs Revier bestellt und halbherzig befragt. Ich insistierte, dass die betroffenen Frauen ihre aufreizende Art wahrscheinlich aus dem Westfernsehen oder von westlichen

Verwandten übernommen hatten. Und – so eiferte ich weiter – dass ich klassenfeindliche Einflüsse im Blick habe.

Wirklich interessant für die Volkspolizisten waren politische Täter, das wusste jeder. Da ich in dieser Angelegenheit jedoch niemals auffiel und mich stets systemkonform gab, blieb ich unbehelligt. Ich erhielt ein paar ermahnende Worte und wurde wieder nach Hause geschickt.

Im Nachhinein betrachtet hatte ich damals zu viel Aufwind. Ich fühlte mich nahezu unbesiegbar und mein Verhalten gegenüber Frauen wurde dreister. Gleichzeitig verhielten sich die Frauen mir gegenüber zunehmend abweisend. Der Zusammenhang war mir damals nicht klar. Trotz meines Gefühls der Unverwundbarkeit bevorzugte ich die Dunkelheit für meine Jagden, denn selbst die vage Vorstellung, in ein Gefängnis wandern zu müssen, bereitete mir nach wie vor Angst.

Am fünfundzwanzigsten Juni 1984 war meine psychische Situation an einem absoluten Tiefpunkt. Heikes Haarsträhne, die mir seit zehn Jahren gute Dienste erwiesen hatte, versagte plötzlich. Ich versuchte seit über einer Stunde, mich zu befriedigen, strich dabei wie immer mit Heikes Haaren um mein Genitalbereich herum. Doch wenn ich kurz davor war, brach meine Erregung ab. Meine Verzweiflung war groß, sodass ich an körperlichen Schmerzen im Hodenbereich litt. Egal, wie oft ich zu onanieren begann, ich fand keine Befriedigung. Wütend sprang ich auf, stürmte aus der Wohnung und begab mich zu dem Park. Würde ich dort nicht auf ein Opfer treffen, gäbe es noch die Bereiche unter verschiedenen Brücken, wo ich leichte Opfer finden konnte. Wer sich dort herumtrieb, hatte etwas zu verbergen und lief nicht zur Polizei. Endlich war das Glück mir hold, auf einem schlecht beleuchteten Parkweg lief eine junge Frau mit kurzem Kleid und langen Haaren. Sofort wurde ich erregt, als ich ihre Haare betrachtete. Ich sah mich schnell zu allen Seiten um, niemand außer mir und der Frau mit den schönen Haaren. Mit schnellen und leisen Schritten war ich bei ihr, packte ihren Hals und drückte fest zu. Sie bekam keinen Laut heraus, versuchte, meine Hände von ihrem Hals zu zerren. Pustekuchen, ich hatte Kräfte, wie ein Bär. Nach einer Minute sackten ihr die Beine weg und ich ließ sie zu Boden sinken. Sofort ging ich nahe an ihr Haar heran und sog den Duft tief ein. Allein dieser Geruch bescherte mir beinahe einen Orgasmus. Jetzt war mir klar, warum Heikes Haarsträhne keine Kraft der Inspiration mehr besaß: Sie hatte ihren Duft und damit ihre Wirkung verloren.

Die Frau lag bäuchlings vor mir auf dem Boden. Ich schob ihren Rock hoch, zerrte ihre Unterhose herunter und legte mich auf sie. Anfangs wehrte sie sich. »Ganz ruhig, dann wirst du überleben«, raunte ich ihr ins Ohr. Sie nickte stumm und sagte von da an kein Wort mehr. Nur ihr Wimmern blieb. Und ab und zu ein leises Schmerzstöhnen. Während ich in sie eindrang und sogleich einen Orgasmus bekam, roch ich unentwegt an ihrem Haar. So verfuhr ich noch weitere zwei Male hintereinander. Endlich verspürte ich wieder eine erleichternde Befriedigung. Heilfroh setzte ich mich neben sie und sog tiefe Atemzüge der klaren Nachtluft ein. Sie blieb noch immer zitternd und bewegungslos so liegen. Im Dämmerlicht des Mondscheins betrachtet wirkte die Frau wie eine Puppe. Sie erinnerte mich an Sandy, die Puppe meiner Schwester, mit der ich meine ersten sexuellen Erfahrungen hatte. Die Haut der Frau war blass und schimmerte im Mondlicht fahl. Neugierig stupste ich sie mit dem Finger gegen den Oberarm. Sie zuckte so plötzlich herum, dass ich einen Todesschreck bekam und mir ein heiserer Schrei entfuhr.

Die Frau begann ihrerseits zu brüllen. »Hilfe!«, schrie sie.

Sofort schlug ich auf sie ein. Ich musste sie kaltmachen. Immer wieder drosch ich gegen ihren Kopf und auf ihren Oberkörper. Sie kauerte sich indes wimmernd zusammen. Jeden Laut, den sie von sich gab, bestrafte ich mit einem starken Schlag. Kopf, Körper, Kopf, Körper, schnelle Hiebe, immer wieder. Bis sie reglos blieb.

Endlich war sie still. Die Nächste würde ich von Anfang an kaltmachen. Ich nahm die Schere, die ich extra eingesteckt hatte, aus der Innentasche, kniete mich zu ihr und schnitt eine lange und dicke Strähne von ihrem Kopf. Lustvoll sog ich den Duft der Haare in langen Zügen ein. Es war ein ungewohnter Duft, völlig anders als Heikes Geruch. Doch gleichzeitig so stark anregend, dass ich mich minutenlang daran verlor.

Ich erhob mich schließlich, in der Überzeugung, dass sie tot war, und sah abwechselnd auf sie herab und auf die Haarsträhne in meiner Hand. Ich stieß sie mit dem Fuß an. Keine Reaktion. Somit konnte ich beruhigt heimkehren.

Auf dem Heimweg wurde ich nachdenklich. Seit ich meine ehemalige Klassenkameradin Heike umgebracht hatte, waren zehn Jahre vergangen. Bis zum heutigen Tag hatte ich Dutzende Frauen angesprochen und ihre Haare berührt. Einige Male konnte ich mich dabei selbst befriedigen. Meistens waren die Frauen jedoch störrisch, weshalb ich sie lieber gehen ließ und anschließend onanierte, wenn ich allein in der Wohnung war. Heikes Haarsträhne in der einen Hand und die Erinnerungen an die Belästigungen belebten zwar viele Jahre lang meine Fantasien. Doch wie ich heute erkennen musste, war nichts so befriedigend wie der damalige Mord an Heike oder der heutige Mord an der namenlosen Frau im Park. Ich verstand nun, dass meine Vorliebe für Haare nur ein Teil meiner Sucht nach Befriedigung ist. Ein weiterer, vielleicht sogar noch mächtigerer Teil meiner Obsession ist es, Macht auszuüben. Die Angst der Frauen, ihr Flehen und die Stille nach ihrem Tod – diese Symphonie der Lust ergoss sich so tief in meine Seele und meinen Körper, dass ich es schon bald wieder erleben musste. Doch mein künftiger Weg war gesäumt von großen Gefahren: Von diesem Zeitpunkt an konnte ich keine Ausreden mehr gelten lassen, wenn die Volkspolizei auf mich aufmerksam würde. Denn es gab schon einige Anzeigen von verstörten Frauen. Bis dahin hatten diese Anzeigen zwar keine Konsequenzen für mich zur Folge gehabt. Aber ich durfte den Bogen nicht überspannen, denn sonst würde ich unweigerlich ins Gefängnis wandern. Und das war mein größter Albtraum.

Vor meinem Wohnhaus angekommen blieb ich stehen und schaute daran hoch. Ein trostloses Gebäude, das an diesem Tag für mich zu einer Zwangsjacke wurde. Das Sterben der namenlosen Frau durch meine Hände hatte mein Bewusstsein erweitert. Jedoch wollte ich künftig nicht mehr erleben, dass eine um Hilfe brüllte und ich in der Gefahr schwebte, geschnappt zu werden. Ich würde die künftigen Opfer sofort sehunfähig machen, in ihren Haaren wühlen und meine Trophäen vereinnahmen. Ich wollte viele Trophäen. Diese Vorgehensweise machte mich noch gefährlicher. Doch ich konnte nicht anders, ich musste die Kontrolle über die Frauen erlangen. Es war ein unbezwingbarer Druck, ein Hunger, der mich antrieb.

Mehr als dreißig Mal würde ich in der folgenden Zeit zuschlagen, immer wieder ahnungslose Frauen zu meinen Opfern machen.

Es ist merkwürdig, wie der normale Sex mich mittlerweile ekelt. Die Fantasien, die das Würgen, das Wühlen in den Haaren und das Dominieren bis zum Tod beinhalten, erregen mich viel mehr. Ich habe die Kontrolle über mein eigenes sexuelles Verlangen verloren. Mein Verstand ist von dieser dunklen Seite meines Wesens besessen, und ich kann keinen Ausweg finden.

KAPITEL VIER

Meine Dokumentierung macht einen Zeitsprung ins Jahr 1987. Ich hatte meinen seelischen Tiefpunkt von 1984 überwunden und meine Arbeitsweise inzwischen professionalisiert. Ich fand schneller die Richtige, würgte sie zügiger bis zur Besinnungslosigkeit und war im Handumdrehen mit meiner Trophäe wieder verschwunden. Meine Sammelleidenschaft hatte sich vergrößert. Mein Fundus umfasste sechs lange Haarsträhnen unterschiedlicher Farben, vier Höschen, drei Blusen, diverse Nylonstrumpfhosen und einen BH. Einmal war ich kurz davor, ein Paar hochhackige Schuhe mitzunehmen. Aber als ich sie in den Händen hielt, regte sich nichts in mir. Hackenschuhe erregten mich nur, solange sie sich am Fuß einer Frau befanden. So ließ ich die Schuhe zurück und schnitt auch dieser Frau lieber eine Haarsträhne vom Kopf.

Es war eine ergiebige Zeit, die ich in dem sicheren Bewusstsein erlebte, dass keine der Frauen mich gesehen hatte und dass ich immer so weiterleben könnte. Ein weiterer Mord hatte sich bis dahin nicht ergeben, obwohl mir der Akt des Tötens, aus zweimaliger Erfahrung, als die höchste Form der Lust bewusst war. Die beachtliche Anzahl von Trophäen bereitete mir volle Zufriedenheit. Besonders die Gedanken daran, wie ich sie errungen hatte. Das todesängstliche Bibbern der Frauen, ihr Winseln um ihr Leben und das Wissen, dass ich alles mit ihnen anstellen konnte, waren unbeschreiblich erfüllend.

Doch als es an einem kalten Wintertag dieses Jahres an meiner Tür klingelte, erfuhr mein erbauliches Leben eine folgenschwere Erschütterung. Da ich niemals Besuch erhielt, war ich sofort skeptisch. Auf Zehenspitzen ging ich hin, lauschte zunächst. Draußen im Flur war es mucksmäuschenstill. Abermals klingelte es. Mit pochendem Herzen blieb ich in Deckung. Ein einziger Gedanke schoss mir durch den Kopf: wenn mich nun doch eine der Frauen erkannt hatte. Aufgelöst wartete ich, bis ich glaubte, dass niemand mehr da war. Dann schob ich langsam mein Auge vor den Spion. Plötzlich huschte das Gesicht eines fremden Menschen vor das Sichtfeld. »Herr Krause, öffnen Sie die Tür! Hier ist die Volkspolizei.«

Das Gefühl, ertappt worden zu sein, schnürte mir die Luft ab. Ich duckte mich aus dem Sichtfeld und ließ mich auf den Boden sinken. Hatte der Vopo mich gesehen? Dann würde mein Versteckspiel mich nur mehr in Verdacht bringen. Hatte es noch einen Sinn, mich zu verstecken? Ein überwiegender Teil in mir schrie JA. Aus unerklärlichen Gründen öffnete ich jedoch die Tür.

»Leutnant Dirk Weber«, stellte sich der Vopo zackig vor. Die Aufregung trieb mir den Puls bis zur Kehle. Ich bemühte mich, unaufgeregt zu wirken.

»Wir befragen Anwohner der Umgebung zu gewissen Vorfällen der letzten Jahre.«

»Gewisse Vorfälle der letzten Jahre?«, wiederholte ich stumpfsinnig.

»Frauen wurden in der Stadt belästigt. Haben Sie davon etwa noch nicht gehört?«

»Doch ... ich weiß nicht. Entschuldigung, ich habe gerade geschlafen.«

»Verstehe. Sie werden gewiss dazu beitragen wollen, den Täter zu fassen?«

»Natürlich. Wie kann ich helfen?«

Der Vopo starrte mich unentwegt misstrauisch an. Ein Profi, der sich nicht so leicht einwickeln ließ. Er stellte mir weitere Fragen, während sein bohrender Blick mich unsicher machte. Erstarrt vor Schreck antwortete ich, um ihn möglichst schnell abzuwimmeln. Doch in meinem Inneren wähnte ich, dass dieser Polizist eine Spur gewittert hatte. Leutnant Weber machte sich ausführliche Notizen, spähte über meine Schulter in die Wohnung und verabschiedete sich dann. Als ich die Tür hinter ihm schloss, konnte ich nicht anders, als vor Angst am ganzen Leib zu zittern. Die einmalige Begegnung mit dem Polizisten genügte, um in mir die Gewissheit aufkommen zu lassen, dass meine Taten bald ans Licht kommen würden. Ruhelos irrte ich durch meine dunkle Wohnung und schaute immer wieder aus dem Fenster. Gegenüber stand ein hellgrauer Lada, darin saß ein Mann. Der Vopo. Ich konnte keine klaren Gedanken fassen, selbst, als der Lada davonfuhr. Erfüllt von unbestimmten Ängsten kroch ich ins Bett, ohne mich umzuziehen. Ich kauerte mich zusammen. Mein Leben stand still. Ich konnte nicht einmal mehr meine Trophäen hervorholen – die Haarsträhnen, um darin zu wühlen.

Schließlich fiel ich doch in einen unruhigen Schlaf, voller ungewisser Ängste.

KAPITEL FÜNF

Leutnant Dirk Weber verließ das Haus, in dem er zuvor Torsten Krause aufgesucht hatte. Der dreiundvierzigjährige Volkspolizist war verheiratet, hatte zwei Kinder und galt offiziell als linientreu. Eine perfekte Fassade, überlebenswichtig im System. Inoffiziell hatte er das Gefühl, an der gelebten Unehrlichkeit und den verpassten Chancen im Leben zu ersticken.

Eine Zeit lang blieb er noch im Wagen sitzen und sah zu dem Haus, in dem Torsten Krause wohnte. Leutnant Weber hatte einen Instinkt für Verdächtige entwickelt und der schlug beim Gespräch mit Krause Alarm. Aber er hatte nichts in der Hand. Dass er Krause heute dennoch konfrontiert hatte, war keine Sternstunde. Möglich, dass er gerade einen Fehler begangen hatte. Er fluchte leise, startete den Lada und fuhr langsam los.

Er wollte den Ärger während der Heimfahrt abschütteln. Doch als er zu Hause ankam und ausstieg, spukte dieser Krause noch immer in seinem Kopf herum. Krauses Blicke, seine Körperhaltung, einfach alles an dem Kerl sprach Bände. Er drückte die Klinke der Haustür herunter, hielt inne und sah noch einmal zum Wagen zurück. Wenn Krause nun heute Nacht sein nächstes Opfer überfiel.

»Dirk?«

Das war seine Frau Jennifer, die aus dem Fenster nach ihm rief. Er hätte ein paar Schritte zurücktreten können, damit sie ihn sah und er ihr antworten konnte. Aber er ging schwermütig ins Haus und stieg die Stufen empor.

»Warum antwortest du denn nicht, wenn ich rufe?«

Wortlos ging er an Jennifer vorbei.

»Man macht sich doch Sorgen.« Sie schloss die Wohnungstür hinter ihm, nahm ihm die Aktentasche ab und fixierte ihn. »Willst du dir schnell die Hände waschen? Ich habe Wirsingkohl gekocht.«

»Ja, ja.« Leutnant Weber legte seine Dienstmütze auf die Hutablage im Flur und tappte ins Badezimmer.

»Hier, deine Pantoffeln.« Bevor er die Badezimmertür hinter sich schließen konnte, schob Jennifer ihm die Hausschuhe mit verärgertem Blick vor die Füße.

»Danke.« Er schloss endlich die Tür, stellte sich vor den Spiegel und atmete tief durch.

»Und mache den Spiegel anschließend wieder sauber, ich habe heute alles geputzt«, hörte er Jennifer durch die geschlossene Tür. Abermals sog er Luft ein. Dirk stellte den Wasserhahn an und wusch sich. Wenn es die Kinder Heiko und Silke nicht gäbe, wäre er längst in den Westen abgehauen. Sobald er eine Gelegenheit sah, mitsamt den Kindern fortzugehen, würde er diese ergreifen. So lange musste er aushalten. Er trocknete sich ab, ging ins Schlafzimmer und zog die Uniform aus. Im Bademantel nahm er am Tisch in der Küche Platz. Jennifer füllte sofort seinen Teller auf. »Guten Appetit«, sagte sie.

»Guten Appetit.«

Sie aßen wortlos, wie jeden Abend. Dirk sah gelegentlich verstohlen zu Jennifer, die mit ihren Gedanken immer woanders war. Es interessierte ihn nicht, woran sie dachte. Nicht mehr.

»Wie war dein Tag?«, fragte sie und schob ihren leeren Teller zur Tischmitte. Dirk erhob sich, nahm die Teller und stellte sie in die Spüle. Sollte er wirklich erzählen, was gewesen ist? Im Beruf war er ein Ass. Zu Hause das Gegenteil. Warum konnte er sich bei Jennifer eigentlich nicht so knallhart durchsetzen wie bei den Verbrechern? Sie konnte scheinbar in ihm lesen, wie in einem offenen Buch. Er setzte sich wieder an den Tisch. Obwohl er wusste, dass es wieder nicht gut ausgehen würde, begann er zu erzählen.

»Ich habe dir doch von den Vergewaltigungen in der letzten Zeit erzählt.«

Jennifer beugte sich interessiert vor. »Ja.«

»Ich glaube, ich habe einen Verdächtigen.«

»Ach. Das ist doch großartig.«

»Ja, nur habe ich noch nichts Konkretes in der Hand gegen ihn. Aber ich spüre es. Ich habe ihm in die Augen gesehen und sofort gewusst: Der Kerl ist es.«

Jennifer machte eine fragende Geste mit den Händen. »Aber wenn du weißt, dass er es ist, dann sperre ihn halt weg und Schluss ist mit dem Theater. Du weißt doch, dass solche unangenehmen Sachen schnell bereinigt werden müssen.«

Dirks Puls hämmerte in seinen Ohren. Da war der Streit schon. Jennifer war für radikale Lösungen, er, Dirk, bestand auf ordentliche Ermittlungsarbeit und rechtsstaatliche Verurteilung durch unabhängige Richter. Jennifers Schnellschüsse ärgerten ihn jedes Mal. »Ich nehme das Gesetz nicht in die eigene Hand, weil ich einen Verdacht hege. Du redest schon genauso, wie Generalmajor Roth.«

»Er ist ja auch mein Vater. Und was er sagt, hat nun einmal Gewicht.«

»Ich weiß. Ich arbeite jeden Tag mit ihm zusammen. Man

kann viel von ihm lernen. Aber es ist nicht immer einfach, das kannst du mir glauben.«

»Tja, die Fußstapfen meines Vaters sind nun einmal groß. Strenge dich halt mehr an, dann wird er dich auch respektieren.«

Dirk Weber zwang sich, seine aufkommende Wut zu unterdrücken. Er erhob sich und wusch das Geschirr ab. »Es geht mir nicht um den Respekt deines Vaters, Jennifer. Es geht mir darum, dass er die Meinung vertritt, dass es solche Art von Delikten nur im kapitalistischen Ausland gibt. Das ist blanker Unfug.« Leutnant Dirk Weber biss sich innerlich auf die Zunge. Er hatte sich hinreißen lassen, eine politische Diskussion mit seiner Frau zu beginnen, obwohl er wusste, dass sie darüber mit ihrem Vater reden würde. Und der wiederum würde derartige ›Erkenntnisse‹ gewiss an die entsprechenden Stellen weiterleiten. Das konnte schlimmste Folgen haben. Manchmal hoffte Dirk, dass Jennifer sich dessen nicht bewusst war. Aber meistens war er ehrlich zu sich selbst: Seine Ehefrau würde aus Überzeugung jeden verraten. Auch den Vater ihrer Kinder.

»Was soll daran falsch sein?«, fuhr Jennifer ihn an. »Es ist doch die unumstößliche Wahrheit, dass der Nährboden für solche Verbrechen im Westen zu finden ist. Die kapitalistische Denkweise führt zu Gier, Habsucht und Egoismus. Das führt auf Dauer zu psychischer Entartung. Menschen brauchen nun einmal moralische Leitbilder und nicht die Lehre vom endlos sprudelnden Kapital. Dieser Irrglaube kann nur so lange funktionieren, wie es andere auf der Welt gibt, denen man das Essen vom Tisch raubt.«

Im Prinzip war Dirk einer Meinung mit seiner Frau. Aber seiner Überzeugung nach sollte der Weg zur Erkenntnis nicht über die kollektive Gefangennahme eines Volkes gehen. Jennifer hingegen vertrat die feste Meinung, man konnte den Menschen nur zu seinem Glück zwingen, weil er von sich aus zu bequem und egoistisch war. Dirk führte das Gespräch lieber wieder zu dem Fall des vermeintlichen Vergewaltigers zurück. »Dein Vater will die Angelegenheit so schnell wie möglich vom Tisch haben, nichts soll an die große Glocke kommen. Aber mir geht das einfach zu schnell. Ich will es richtig machen, Jennifer. Was, wenn mein Verdacht falsch ist? Was, wenn der Mann nichts mit den Taten zu tun hat?«

»Es sind immer dieselben Fragen, die du anführst, Dirk. Ich kann auch immer nur die gleichen Gegenfragen stellen: Was, wenn du den Verdächtigen schützt, er auf freiem Fuß bleibt und die nächste Frau vergewaltigt? Was, wenn er sich steigert und demnächst mordet? Soll ich die Reihe der hypothetischen Fragen fortführen? Du weißt, wie ich darüber denke.«

Dirk sog tief Luft ein. »Verstehst du wirklich nicht, worauf ich hinaus will?«

Jennifer schlug mit der Hand auf den Tisch. »Deine Aufgabe besteht darin, die Allgemeinheit zu schützen, Dirk! Wenn du das nicht kannst, solltest du eine andere Arbeit wählen. Die Menschen vertrauen darauf, dass du und deine Kollegen sie schützen, anstatt zu philosophieren. Mache einfach das, was mein Vater von dir verlangt!«

»Vielleicht hast du ja recht. Wenn ich an die Frauen denke, die heute eine Anzeige erstattet haben.«

»Frauen haben eine Anzeige erstattet? Aber dann hast du doch etwas Konkretes.«

»Ja und nein. Wenn sie ihn identifizieren könnten, wäre das etwas. Aber bevor es dazu kam, hat dein Vater den Frauen sehr bildhaft vor Augen geführt, welche Fragen sie vor einem Gericht zu erwarten hätten: *Sind Sie sicher, dass Sie das nicht provoziert haben? Was haben Sie getragen, an diesem Tag? Haben Sie ihn angelächelt? Ist es vielleicht auch so, dass Sie abgewiesen wurden und sich nun rächen wollen?* Solche Zerrbilder hat er den Frauen gemalt. Sie waren völlig fertig und sind heulend abgehauen.«

Dirk ließ eine Pause.

»Dein Vater will, dass diese ganze Angelegenheit nicht bekannt wird – nicht in seinem Verantwortungsbereich. Verstehst du jetzt, was ich meine? Man sollte weder einen Verdächtigen zu früh einsperren, noch sollte man einen Verdächtigen laufen lassen, weil der Fall nicht ins Weltbild passt oder unbequem ist. Das ist der Fehler im System, den ich meine, Jennifer. Ich glaube einfach, dass es richtig wäre, unvoreingenommen und gründlich zu recherchieren und Beweise zu sammeln. Und selbst, wenn dabei herauskommt, dass wir einen perversen Gewalttäter in der Republik haben, dürfen wir das nicht unter den Tisch kehren. Wir müssen uns eingestehen, dass auch unser Staatssystem Schwächen hat und dass auch bei uns solche Verbrecher existieren.«

»Mein Vater wird schon wissen, warum er so entscheidet.«

»Jennifer! Würdest du auch so reden, wenn du das Opfer wärst? Oder unsere Tochter?« Dirk Webers Stimme war laut geworden.

»Streitet ihr?« Silke, die vierjährige Tochter, stand plötzlich mit einem Stoffbären unterm Arm in der Küche. Dirk eilte sofort zu ihr, um sie auf den Arm zu nehmen und an sich zu drücken. »Aber nein, meine Kleine. Komm, Papi bringt dich wieder ins Bett.«

Als Dirk Weber später ins Ehebett stieg, schlief Jennifer schon. Er fragte sich, wie sie es fertigbrachte, nach einem Streit so schnell einzuschlafen. Wie immer, kam er selbst lange nicht zur Ruhe. Ihm ging die Auseinandersetzung mit Jennifer durch den Kopf. Bald schob er die Gedanken daran verärgert beiseite, um endlich zur Ruhe zu kommen. Aber stattdessen kamen die Bilder der gepeinigten Frauen wieder hoch, die er im Laufe der Zeit hatte ansehen müssen. Womöglich waren nicht alle Opfer von Torsten Krause gewesen. Keine der Frauen wollte eine Anzeige erstatten und angeblich hatte auch keine den Täter sehen können. Genauso hatte sich Manuela damals verhalten. Die dreizehnjährige Tochter, seiner besten Freundin aus Jugendtagen, Anette Engel, war Opfer einer Vergewaltigung geworden. Anette hatte damals mit Dirk Kontakt aufgenommen und ihn um Rat gefragt. Das Kind sei ergebnislos verhört worden und hatte sich anschließend verängstigt eingeigelt. Niemand kam mehr an sie heran. Dirk ging behutsam vor. Er besuchte Anette und Manuela so oft, dass Jennifer es ihm schon vorwarf. Dirk suchte die beiden weiterhin auf, denn es brach ihm das Herz, eine derartige Ungerechtigkeit mitansehen zu müssen. Keine staatliche Stelle half der alleinerziehenden Mutter und dem heranwachsenden Kind in dieser Situation. Allmählich gewann er Manuelas Vertrauen. Aber die Gespräche wurden immer unergiebiger. Manuela bot ein Gewirr aus Widersprüchen, bis Dirk schließlich nicht mehr weiterwusste. Er konnte nicht mehr auseinanderhalten, ob Manuela von realen Erlebnissen berichtete oder ob sie fantasierte. Zudem begann sein Schwiegervater Druck auf ihn auszuüben, sodass Dirk sich Stück für Stück zurückziehen musste. Nur zwei Wochen danach, als er kurz bei den Engels vorbeischauen wollte, öffnete Anette ihm erst nach mehrmaligen Klingeln die Tür. Sie sah entsetzlich aus, hatte offensichtlich mehrere Tage keine Körperpflege betrieben und ihre Haare waren verfilzt. Das Gespräch würde er niemals im Leben vergessen:

»Hallo Anette, ich wollte mal nach euch schauen.«

Anette blieb reglos in der Tür stehen, scheinbar durch ihn hindurchsehend.

»Wie geht es Manuela?«

Stille Tränen liefen über Anettes regloses Gesicht. »Sie ist tot.«

»Was? Aber wieso ...?«

»Von der Brücke gesprungen.« Anette hatte die Tür vor Dirks Nase zugeschlagen. Sein Finger schwebte lange vor dem Klingelknopf, aber er ließ seine Hand sinken und fuhr nach Hause. Das war das letzte Mal, dass er etwas von Anette gehört hatte.

Schwermütig sog er einen langen Atemzug ein und starrte durch die Dunkelheit an die Schlafzimmerdecke. Er hätte gern mit Jennifer darüber geredet, aber das hätte nur noch mehr Streit verursacht. Das konnte er überhaupt nicht gebrauchen. Seine gebrochene Jugendfreundin Anette so sehen zu müssen, ließ etwas in ihm zerstört. Dirk war Volkspolizist und hatte nicht helfen können. Nicht einmal Anette. Er schwor sich, Jagd auf Vergewaltiger zu machen. Es war seine persönliche Jagd, bei der er allein dastand.

Dirk Weber hatte jeden einzelnen Fall von Belästigung oder Vergewaltigung sorgfältig zusammengetragen und dokumentiert. Besonders jene Fälle, in denen der Täter ein besonderes Interesse an den Haaren der Frauen zeigte. Dieses markante Detail entnahm er mehreren Zeugenberichten. Jedes noch so kleine Teilstück hatte er gesammelt, war noch einmal zu den Tatorten gefahren und hatte alles fotografiert. Die Atmosphäre der Orte der Verbrechen war bedrückend. Das Böse lag dort in der Luft. Jenes Böse, welches von Krause ausging, den er im Visier hatte, der aber nicht zu fassen war.

Zum Glück aber waren nun doch zwei Frauen zum Revier gekommen, um Anzeige zu erstatten. Eine von ihnen war Claudia Becker. Der Verdächtige, Torsten Krause, soll sie vor acht Jahren überfallen haben, hatte sie ausgesagt. Die andere hieß Nancy Böhm, sie wurde vor wenigen Tagen überfallen und vergewaltigt. Da die Frauen befreundet waren, hatte Nancy Böhm ihrer Freundin von dem schrecklichen Erlebnis erzählt, woraufhin sich Claudia Becker entschied, mit Nancy zusammen zur Polizei zu gehen. Die Frauen waren in einem furchtbaren seelischen Zustand gewesen. Erst recht, nachdem sein Vorgesetzter und Schwiegervater Generalmajor Roth sie befragt hatte.

Dirk würde nicht wegsehen, auch wenn seine Frau das von ihm verlangte. Diese Verlogenheit machte ihn krank, sodass sein Wunsch, in den Westen zu fliehen, immer drängender wurde. Jennifer würde ihm niemals folgen – niemals. Er müsste sich entscheiden, ob er auch die Kinder verlässt oder ob er sie mitnimmt und sie deshalb von ihrer Mutter getrennt wären. Gäbe es die Kinder nicht, hätte er seine Entscheidung schon gefällt. So aber wartete er auf den richtigen Zeitpunkt.

Dirk wälzte sich auf die andere Seite und zog die Bettdecke von seinem verschwitzten Körper. Morgen würde er auf eigene Faust noch einmal zu dem Verdächtigen Torsten Krause gehen. Er würde ohne Erlaubnis seines Schwiegervaters in Begleitung mehrerer anderer Volkspolizisten, den mutmaßlichen Vergewaltiger festnehmen, aufs Revier bringen und ihn dort eindringlich vernehmen. Wenn die Frauen den Mut fanden, Torsten Krause zweifelsfrei zu identifizieren, hätte Dirk endlich etwas Handfestes gegen den Vergewaltiger in der Hand.

In seinen Gedanken spielten sich Szenarien ab, wie der Moment der Identifizierung aussehen würde. Er sah die zittrigen Hände der Zeuginnen, die brennenden Blicke und die schweren Worte, die das Schicksal des Verbrechers besiegeln würden.

Dirk starrte in die Dunkelheit des Schlafzimmers. Hinter sich hörte er das gleichmäßige und leise Atmen von Jennifer. In den Kinderzimmern schliefen Heiko und Silke. Er liebte es, wenn es seiner Frau und seinen Kindern gut ging. Eine Idylle, für die er lebte. Aber der Familienfrieden stand auf tönernen Beinen. Jennifer würde es niemals hinnehmen, dass er gegen die Anweisungen ihres Vaters handelte. Und sein Schwiegervater, Generalmajor Roth, würde das schon gar nicht hinnehmen. Nur, wenn er Krause überführen würde, könnte er sein Handeln erklären.

Krause war es.

Krause war es.

Dann schlief er ein.

KAPITEL SECHS

Haare. Überall wunderschöne Haare, die von den Hinterköpfen unzähliger Frauen wallten und sich an mich schmiegten. Nach Herzenslust wühlte ich darin, griff immer wieder zu und war dabei so erregt wie noch nie zuvor. Eine nicht enden wollende Lust, die keine Grenzen zu kennen schien. Mit beiden Händen umkrallte ich zitternd die Strähnen, fühlte die dicken weichen Haare, die sich in meinen Händen zusammenzogen und ausdehnten, als würden sie leben und atmen. Mehrmals ergoss ich mich. Meine Erregung wurde umspielt von Haarsträhnen, die sich von selbst bewegten, mich weich umschmeichelten und sogar festzogen, als würden es Hände sein, die mich fordernd zu einer erneuten Erektion trieben. Hände der Frauen, denen die Haare einst gehörten und deren Gesichter ich so klar vor mir sah, als wären sie real. Dann sah ich inmitten all dieser Köpfe Heike Vogt, meine ehemalige Mitschülerin, die ich 1974 töten musste. Heike saß vor mir, wie damals in der Schule. Ich streckte meine Hände nach ihr aus, doch immer, wenn ich beinahe ihr Haar berührte, glitt sie geräuschlos weiter fort, während die vielen Haare der unbekannten Frauen in mein

Gesicht wehten. Ich wischte sie beiseite, wollte sehen, wohin Heike verschwand, doch die wehenden Haare versperrten mir immer wieder die Sicht. Ich lief Heike hinterher, kämpfte mich durch Haare. Ich kam nur langsam voran, ganz gleich, wie sehr ich mich anstrengte. Heike hingegen verschwand hinter der Tür zu ihrer Wohnung, die wie aus dem Nichts plötzlich da war. Als die Tür hinter Heike zuschlug, konnte ich mich wieder normal bewegen, war nicht mehr gefangen in der Zeitlupe. Ich wollte ihren Namen rufen, doch ich schlug nur gegen die Tür, wollte sie aufbrechen. Ich musste Heike berühren. Plötzlich bemerkte ich, dass ich nackt war. Nackt in dem Nachbarhaus, in dem Heike wohnte. Umso heftiger schlug ich gegen die Wohnungstür. Die Schläge dröhnten immer lauter, bis ein dröhnendes Bersten die Tür zum Einsturz brachte.

»Nein, nein«, rief ich.

Doch als ich die Augen öffnete, begriff ich, dass der wahre Albtraum meines Lebens mir noch bevorstand.

Ich sprang auf, griff ein Messer und stürmte los.

KAPITEL SIEBEN

Kurz zuvor

Der nächste Tag brach an und die unerbittliche Sonne des kommenden Hochsommertages erhob sich schon früh am Horizont. Leutnant Dirk Weber hatte kaum ein Auge zugetan und fühlte sich wie gerädert. Doch seine Entschlossenheit und der Gedanke an die potenzielle Befreiung der Gesellschaft von Torsten Krause trieben ihn an. Dieser Tag war wie gemacht für seine Operation. Generalmajor Norbert Roth war zu einer Parteisitzung. Diese Abwesenheit würde Leutnant Weber eiskalt nutzen, um den Serienvergewaltiger endlich dingfest zu machen.

Gemeinsam mit den anderen Polizisten machte er sich auf den Weg zum Haus des Verdächtigen. Sie fuhren ohne Sirene und ohne Blaulicht. Der Zugriff sollte wie aus dem Nichts erfolgen. Die Straßen waren leer und beinahe gespenstisch still. Es war, als würde die Umgebung ihre Stille bewahren, um den Weg für die bevorstehende Konfrontation freizumachen. Die Männer schwiegen ebenfalls, es war alles gesagt.

Der Barkas stoppte in einiger Entfernung zur Haustür auf derselben Straßenseite, so konnte der Verdächtige die Polizisten nicht kommen sehen. Sie stiegen aus, stellten sich nahe zueinander. »Also«, begann Leutnant Weber seine Kollegen noch einmal einzuschwören. »Wir holen ihn so unauffällig wie möglich da raus und bringen ihn sofort zum Revier. Dort soll er so schnell wie möglich von den Zeuginnen identifiziert werden. Dann haben wir ihn!«

Die beiden anderen nickten stumm. Weber hätte das nicht noch einmal sagen müssen, es war die dritte Wiederholung. Er warf einen letzten Blick auf das Gebäude. Ein Schauer fuhr über seinen Rücken. Das Haus wirkte wie ein gesichtsloser Koloss, der die finsteren Geheimnisse seines Bewohners zu verbergen schien. Die bröckelnden Fassaden und die düsteren Fensterläden verliehen dem Gebäude eine unheimliche Atmosphäre. In diesem Haus wohnte der menschenverachtende Serientäter Torsten Krause, der in den letzten Jahren Dutzende Frauen unbehelligt gedemütigt und vergewaltigt hatte. Heute würde Leutnant Weber diesem schauderhaften Treiben ein Ende setzen.

Mit klopfendem Herzen huschte er als Erster ins Haus, die Kollegen folgten. Der muffige Geruch des Verfalls durchzog die Luft im Inneren und klebte an ihren Händen, als sie die Stufen emporstiegen und dabei das klamme Holzgeländer berührten. Die Schritte und das Rascheln der Ausrüstung hallten leise in dem Treppenhaus wider.

Ein dumpfer Knall!

Leutnant Weber wandte sich abrupt um. Ein Kollege war gestolpert, hob entschuldigend die Hand. Alle lauschten.

Stille.

Sie schlichen weiter. Vor der Wohnungstür Krauses legte Leutnant Dirk Weber sein Ohr gegen die Tür. »Alles ruhig.« Er zögerte. Würden sie die Tür gewaltsam öffnen, verursachte das unweigerlich laute Geräusche. Genau das wollte er jedoch verhindern, denn seine Aktion sollte im Geheimen bleiben.

Hauptwachtmeister Horst Seiß stellte sich, wie verabredet, geräuschlos neben Dirk Weber, zog ein filigran aussehendes Werkzeug aus der Jackentasche und bearbeitete damit das Türschloss. Wenige Sekunden später schob er die Wohnungstür geräuschlos nach innen auf. Dirk Weber lächelte ihm dankbar zu und ging voran.

Die Wohnung Krauses war düster, karg und roch muffig. Dichte Gardinen hingen vor den Fenstern und ließen einen kargen Lichtschein durch, das passte zu dem Bild, das der Leutnant von dem Verdächtigen hatte. Weber schlich den Flur entlang, spähte in die Küche. Da war niemand. Er ging weiter, lugte ins Wohnzimmer. Auch in diesem Raum befand sich niemand. Auf dem Weg zum letzten Raum, dem Schlafzimmer, schob er die Badezimmertür auf, sah kurz hinein und ging weiter. Die beiden Kollegen blieben dicht hinter ihm, hielten ihre Waffen im Anschlag. Der letzte Raum war noch unübersichtlicher als der Rest der Behausung: stockdunkel und von dichten braunen Gardinen in Finsternis gehüllt. Weber schlich geduckt hinein, huschte mehrmals herum und zielte ins düstere Nichts. Die Stille machte ihn verrückt, wenn Krause nicht da war, mussten sie unverrichteter Dinge wieder abziehen.

»Hier ist niemand«, flüsterte Hauptwachtmeister Seiß. Das war das Letzte, was Leutnant Weber hören wollte. Er ging zu dem Bett, starrte darauf. Die Decke war zurückgeschlagen. Weber streckte seine Hand aus, um unter die Decke zu fassen. Eine Mischung aus Ekel und Schauer überkam ihn dabei. »Das Bett ist noch warm!« Weber wandte sich Seiß und dem anderen Kollegen zu. »Er ist hier! Irgendwo versteckt er sich, sonst hätte er an uns vorbeikommen müssen«, flüsterte er und deutete mit der Hand an, sich zu verteilen. Die drei Polizisten strebten auseinander, die Waffen blieben im Anschlag. Sie durchsuchten das Zimmer akribisch, doch von Torsten Krause war keine Spur zu finden. Die Spannung in der Luft erhöhte sich mit jedem Moment, der verstrich. Weber spürte, wie der Druck auf ihm lastete, Krause musste irgendwo in dieser Wohnung sein. Es fühlte sich an, als würde eine unsichtbare Macht versuchen, die Wahrheit zu verbergen.

»Weitersuchen!«, befahl Leutnant Weber. Die Zeit verstrich. Niemand sprach es aus, aber Leutnant Weber wusste es auch so. Er hatte versagt. Krause war, wie auch immer, entkommen. Ganz gleich, wie sehr er sich grämte, die Zeit war dran, den Befehl zum Abzug zu geben. Plötzlich riss Hauptwachtmeister Horst Seiß den Arm hoch, verharrte schweigend und starrte auf den Kleiderschrank. Augenblicklich blieben Leutnant Weber und der andere Kollege stehen und lauschten. Da war ein schwaches Rumpeln! Kollege Seiß schlich zu dem Kleiderschrank, die anderen blieben nahe bei Seiß. Mit der Waffe im Anschlag griff Leutnant Weber geräuschlos nach dem Knauf an der Tür und zog sie abrupt auf. Im selben Augenblick packten Horst Seiß und der zweite Kollege beherzt zu, zerrten die kauernde Person heraus und drückten sie grob auf den Boden. Ein Messer polterte aus der Hand desjenigen und schlitterte Weber entgegen. »Hände ausstrecken, sodass ich sie sehe!«, befahl Leutnant Weber der bäuchlings am Boden liegenden Person, die dem Befehl sofort Folge leistete. Weber beugte sich vor, griff dem Mann in die Haare und drehte dessen Kopf so weit, dass sein Gesicht zu sehen war. »Krause!«, stieß Leutnant Weber aggressiv hervor. »Sie sind festgenommen wegen des dringenden Tatverdachts der Vergewaltigung.«

Da lag er, Torsten Krause, die Frisur zerzaust, seine Augen von Wahnsinn gezeichnet und sein Atem röchelnd. In diesem Moment durchströmte Weber ein Gefühl der Befriedigung und Zufriedenheit. Er hatte den Mann gefunden, der für die schrecklichen Verbrechen verantwortlich war und nun war die Zeit gekommen, ihn zur Rechenschaft zu ziehen.

Allerdings musste das noch bewiesen werden.

* * *

Leutnant Weber ließ Krause unverzüglich in den Verhörraum bringen. »Da lassen wir ihn erst mal schmoren, verstanden?« Hauptwachtmeister Seiß nickte kurz.

»Er bleibt unter Bewachung, derweil wir die Zeuginnen auf die Gegenüberstellung vorbereiten. Stelle zwei von den Neuen vor die Tür. Ich will, dass du bei dem Gespräch mit den Zeuginnen dabei bist.« Hauptwachtmeister Seiß fühlte sich offensichtlich geschmeichelt. Leutnant Weber brauchte Verbündete. Er war nervös, wie schon lange nicht mehr. Es war eine total skurrile Situation und er argwöhnte, dass er einiges hätte besser vorbereiten sollen. Das Gespräch mit den Zeuginnen zum Beispiel. So kurz angesetzt konnte es nach hinten losgehen. Aber nur heute war es möglich, diese Aktion durchzuführen, denn nur heute war Generalmajor Roth abwesend. Weber begab sich zu einem ersten Gespräch in den Verhörraum. Er setzte sich gegenüber von Krause an den Tisch. Die Anspannung lag förmlich in der Luft. Weber hatte keine Ahnung, was Krause ihm erzählen würde. Der Verdächtige wirkte ruhig und gefasst, als könnte er die schauerlichen Taten, die ihm zur Last gelegt wurden, mühelos ausblenden. »Sie wissen, warum Sie hier sind, Herr Krause?«

Krause betrachtete betont gleichgültig seine Fingernägel. »Ich habe keine Ahnung, Herr Leutnant. Sie werden in meiner Akte nachlesen können, dass ich ein linientreuer Genosse bin. Nichts liegt gegen mich vor. Um Ihre Frage zu beantworten, Genosse Leutnant: nein! Ich habe keine Ahnung, wie ich Ihnen helfen könnte.«

Leutnant Weber drohte der Kragen zu platzen, denn die Zeit lief ihm davon. Schon morgen würde sein Schwiegervater wieder zugegen sein und der würde die Akte Krause sofort wieder schließen. Wenn Leutnant Weber so könnte, wie er wollte, würde er Krause jetzt eine Abreibung verpassen, um die Wahrheit schneller aus dem Mistkerl herauszubekommen. Aber er wollte ja anders sein. Eilig klappte er wortlos die Akte vor sich wieder zu, erhob sich und verließ das Verhörzimmer.

Leutnant Weber und Hauptwachtmeister Seiß gingen wortlos durch eine verglaste Holztür, die in ein Treppenhaus führte. Die Zeuginnen waren in der Etage darüber untergebracht. Eine halbe Treppe höher sagte Seiß: »Ich bin gleich zurück«, und verschwand auf der Toilette. Weber wartete vor dem Fenster und blickte auf den Innenhof. Überall dasselbe Grau, das ihn noch trübsinnig werden ließ. Es juckte ihn, eine Zigarette zu rauchen. Aber das hatte er vor drei Monaten aufgegeben und alle um sich herum gebeten, es in seiner Gegenwart ebenfalls zu unterlassen.

»Da bin ich wieder.« Seiß kam aus der Toilettentür, es konnte weitergehen. Die Polizisten eilten die Stufen hinauf. Die Schritte hallten. Weber öffnete behutsam die Tür zu dem Raum, in dem die beiden Zeuginnen sich befanden. Dennoch zuckte eine der wartenden Frauen zusammen. Die Volkspolizistin, die bei ihnen war, erhob sich und grüßte polizeilich. Weber setzte sich an den kargen Tisch (grau, wie die Wände). Er wählte den Platz gegenüber, um den Frauen ins Gesicht sehen zu können. »Frau Becker, Frau Böhm«, begann er das Gespräch behutsam. »Wir haben gute Nachrichten für Sie. Wir haben einen Verdächtigen in Gewahrsam. Sind Sie bereit für die Gegenüberstellung?«

Claudia Becker räusperte sich. »Er hat mich 1984 beinahe totgeschlagen. Ich hatte es, so gut es ging, verdrängt. Bis Nancy mir erzählte, dass sie überfallen und vergewaltigt wurde.« Die zweite Frau, Nancy Böhm, umarmte Claudia. Claudia redete unter Tränen weiter. »Ich war dem Tode nahe. Wenn mich nicht durch Zufall eine Spaziergängerin entdeckt hätte, wäre ich ...« Tränen liefen über Claudia Beckers Gesicht und sie vergrub sich in den Armen ihrer Freundin.

»Ich verstehe«, sagte Leutnant Weber. Unweigerlich drängten sich die alten Bilder seiner Jugendfreundin Anette Engel auf, deren dreizehnjährige Tochter Manuela sich das Leben nahm, weil niemand ihre Vergewaltigung wahrhaben wollte. Wie gut Leutnant Weber deshalb die Erlebnisse dieser Frauen nachvollziehen konnte, wusste sonst niemand in diesem Raum. »Wenn Sie ihn identifizieren, werden wir ihn aus dem Verkehr ziehen, Frau Becker. Sie helfen damit, anderen Frauen das gleiche Schicksal zu ersparen.« Wie gern hätte er die Hände der Frau genommen, um sie zu trösten. Aber er war auch so schon zu nahe an diesem Fall dran.

Er ließ den Frauen die Zeit, die sie brauchten. Schließlich räusperte sich Nancy Böhm und fragte mit flacher Stimme: »Wie funktioniert eine Gegenüberstellung? Wird er uns sehen können?«

»Nein! Er befindet sich hinter einer Scheibe, die nur in eine Richtung durchsichtig ist. Sie können ihn sehen aber er kann sie nicht erkennen. Er sieht auf der anderen Seite nur einen Spiegel, durch den er nicht hindurchsehen kann. Es werden sich fünf Männer in dem Raum befinden, einer davon ist der Verdächtige, die vier anderen sind Polizisten.«

Die Frauen sahen sich fragend an, zögerten einen Augenblick und nickten sich dann ermutigend zu. »Gut.« Claudia Becker erhob sich, beinahe zeitgleich auch Nancy Böhm. Hauptwachtmeister Seiß hielt die Tür auf.

Abermals hallten die Schritte in dem grauen Treppenhaus, als die Gruppe die Stufen hinunterstieg. Auf dem Zwischenpodest stand einer der neuen uniformierten Kollegen vor der Toilettentür. Dann geschahen drei Dinge beinahe zeitgleich: Leutnant Weber realisierte, warum der neue Kollege da stand, die Toilettentür öffnete sich und Torsten Krause kam heraus.

Die Augenzeuginnen Claudia Becker und Nancy Böhm blieben wie erstarrt stehen. Torsten Krause, der Verdächtige, verharrte ebenfalls reglos in der Tür. Die Frauen und der Verdächtige starrten sich gegenseitig an. Augenblicklich eilte Leutnant Dirk Weber dazwischen. Den Zeuginnen zugewandt, leitete er die beiden Frauen eilig die Stufen hinab, führte sie in den verdunkelten Raum mit dem verspiegelten Fenster. »Es tut mir leid, das hätte nicht passieren dürfen«, entschuldigte er sich. Die Zeuginnen rührten sich nicht, sie schienen nicht einmal zu atmen. »Ich hole Ihnen etwas zu trinken.« Weber erhob sich und verließ den Raum. Scheiße! Was für eine Panne! »Horst«, rief er, als er den Kollegen Seiß weiter hinten sah. Der kam sofort zu Leutnant Weber.

»Wie konnte das passieren, verdammt?«

Horst Seiß nahm die Dienstmütze vom Kopf und wischte sich mit der Rückhand über die Stirn. »Die Neuen ...«, sagte er peinlich berührt.

»Ist jetzt auch egal. Bringe Krause in den Raum nebenan. Wir müssen die Zeuginnen dazu bringen, das heute durchzuziehen. Los, beeile dich.« Hauptwachtmeister Seiß setzte die Mütze wieder auf und eilte los, Leutnant Weber ging in die Küche, um zwei Gläser Wasser zu holen. In der Küche flackerte eine funzelige Lampe an der Decke, die Wände flirrten ihm grau entgegen. *Ich hasse Grau.* Er füllte zwei Gläser und eilte zurück zum Raum hinter dem Spiegel. Als er die Tür öffnete, waren die beiden Zeuginnen mit den Köpfen nahe beieinander. Sie hörten auf, miteinander zu reden, und sahen zu ihm. Weber stellte die Gläser auf den Tisch vor den beiden ab.

»Wir möchten gehen«, sagte Claudia Becker und wollte sich erheben. Angst und Verzweiflung spiegelten sich in ihren Augen wider.

»Nein, das können sie nicht tun. Bitte!«

»Sie verstehen das nicht, Leutnant Weber.« Claudia begann zu weinen. »Als er mir in die Augen sah, kam alles wieder hoch. Die Erinnerungen an das grausame Geschehen damals ... das ist kein Mensch, das ist ein Monster. Er hat sich damals noch als unscheinbarer Nachbar gegeben, war nach außen hilfsbereit und hatte meine Vertrautheit ausgenutzt, um seine perversen Machenschaften zu verbergen. Er spielte den netten Kerl, der sich um die Nachbarschaft kümmert und für Sicherheit sorgte. Was denken Sie, wie es sich angefühlt hat, als er mich vergewaltigt hat und als ich ihn danach erkannte? Er hat mich so lange gewürgt, bis ich beinahe tot war.«

»Frau Becker, bitte. Mit Ihrer Aussage können wir ihn wegsperren ...«

»Ersparen Sie mir das, Leutnant Weber! Ich weiß, was jetzt kommt: *Sie können das anderen Frauen ersparen*. Aber wissen Sie, was die Wahrheit ist? Ich habe mich jahrelang vor diesem Monster versteckt, in der Angst, dass er zu Ende bringt, was er begonnen hat, dass er mich umbringt, wenn er erfährt, dass ich noch lebe.« Claudia Becker versagte die Stimme, sie brach in Tränen aus. Ihre Freundin Nancy Böhm nahm sie tröstend in den Arm.

Weber wandte sich nun an Nancy. »Sie haben richtig entschieden, herzukommen und diesem grauenhaften Spuk ein Ende zu setzen. Wenn Sie jetzt aufgeben, wer ist dann die Nächste? Eine weitere Freundin aus Ihrem Kreis? Wohin wird er sich steigern, wenn er nicht aufgehalten wird? Wird er sein nächstes Opfer womöglich töten?« Weber redete beschwörend. »Natürlich kann niemand wirklich nachvollziehen, was Sie durchgemacht haben. Aber ersparen Sie das bitte weiteren Frauen und Mädchen. Ich flehe Sie an.«

Sekunden der Stille vergingen.

»Es ist schlimm, dass er Sie eben gesehen hat. Das hätte nicht passieren dürfen. Wenn er Sie erkannt hat, sind Sie in Gefahr.«

Dann legte Nancy die Hand an das Gesicht von Claudia. »Ich wollte diesen Menschen nie wiedersehen und ich möchte jetzt am liebsten davonlaufen. Aber ich weiß, dass ich es bereuen würde, Claudia. Das Schicksal hat offensichtlich andere Pläne mit uns. Jetzt stand er uns doch gegenüber und wir können dafür sorgen, dass er weggesperrt wird.«

Claudia wischte sich mit dem Handrücken die Tränen aus den Augen. Ihr Knie wippte nervös. »Als ich in seine kalten Augen sah, war die Erinnerung an meine damalige Angst und Hilflosigkeit so präsent, als ob die Zeit nie vergangen wäre.«

Nancy seufzte. »Mir ging es genauso. Ich kämpfte gegen die aufsteigende Panik an. Ob ich mich immer dazu zwingen kann, stark zu bleiben, weiß ich nicht. Aber ich will nicht, dass Krause jemals wieder Macht über mich hat.« Mit eiserner Entschlossenheit ergriff sie Claudias Schultern. »Krause mag gedacht haben, dass er uns umgebracht hat und dass er ungestraft davonkommt. Aber da hat er sich geirrt! Claudia, ich will nicht, dass wir uns aufgeben. Ich will, dass wir uns unsere Leben wieder zurückholen.«

Mit geschlossenen Augen nickte Claudia zustimmend und fügte hinzu: »Wir werden dafür sorgen, dass dieses Schwein für all das bezahlt, was er uns angetan hat. Er hat unsere Leben zerstört und uns in Angst und Schrecken versetzt. Aber das ist vorbei. Er soll nicht ungestraft davonkommen.«

Weber jubelte innerlich, versuchte aber, es sich nicht ansehen zu lassen. Er hatte es geschafft, dass Nancy und Claudia Torsten Krause identifizieren würden. »Sie tun das Richtige«, machte er Nancy und Claudia Mut. »Für sich selbst und für die anderen unschuldigen Opfer, die Krause auf dem Gewissen hat.«

Nun aber verspürte er Unsicherheit. Irgendwann würde Krause wieder entlassen werden. Würde er sich dann an den Frauen rächen, wäre das seine, Leutnant Webers, Schuld. Es gab kein Zurück mehr. Weber hatte diesen Weg gewählt, jetzt würde er ihn auch gehen.

KAPITEL ACHT

Mir gegenüber auf der anderen Seite des Tisches lag eine hellgraue Dokumentenmappe, darauf das Logo der Volkspolizei und in großen Druckbuchstaben mein Name: TORSTEN KRAUSE und mein Geburtsdatum: 01.07.1959. Mein schlimmster Albtraum spielte sich gerade leibhaftig vor meinen Augen ab. Ich saß allein in einem Verhörraum, eiserne Fesseln schmerzend eng um die Hand- und Fußgelenke gekettet, gequält von Durst und Hunger. Mein eigener Gestank von Urin und Angstschweiß stieg mir in die Nase. Ich hatte mir während der Festnahme ungewollt in die Hose gepinkelt. Es mochte seither eine Stunde vergangen sein oder mehr, ich hatte kein Zeitgefühl mehr, verspürte nur noch panische Angst. Mein eigener erbärmlicher Zustand und die Erinnerung an diese Frauen brachten mich an den Rand des Wahnsinns. Die Frauen sollten doch tot sein! Bis zu dieser Begegnung eben im Treppenhaus war ich der festen Überzeugung gewesen, dass ich sie erwürgt hatte. Doch sie lebten, wie ich nun feststellen musste. Und das zog mir den Boden unter den Füßen weg. Jetzt würde das Schlimmste auf mich zukommen. Die beiden waren Zeuginnen! Sie hatten mich bereits im Treppenhaus erkannt, keine Frage also, dass sie mich eindeutig identifizieren würden. Eine katastrophale Kette würde sich in Bewegung setzen: Ich würde in den Knast kommen und dort würde man mich Tag und Nacht drangsalieren, weil ich ein Vergewaltiger war. Ich unterdrückte sofort die schlimmsten Horrorgeschichten, die ich gehört hatte, Glassplitter im Essen, nächtliche Überfälle in der Zelle, Massenvergewaltigungen in der Dusche – all das war bis zu diesem Tag ein vages Horrorszenario, das ich jederzeit ausblenden konnte. Nun aber würde es Wirklichkeit werden und ich konnte es nicht verhindern.

Ich wollte mir die Tränen aus dem Gesicht wischen, aber die Ketten verhinderten, dass ich mich berühren konnte. Verzweifelt sackte ich in mich zusammen. Meine Stunde hatte geschlagen, es gab keinen Ausweg.

Ich zuckte zusammen, als die Tür geräuschvoll aufgestoßen wurde und dieser widerliche Leutnant Weber hereinmarschierte. Der Leutnant verzog keine Miene, schloss die Handschellen auf und zerrte mich grob am Kragen auf die Beine.

»Wohin bringen Sie mich?«, fragte ich, vor Angst bibbernd. Ich hatte furchterregende Geschichten über Vernehmungen gehört, bei denen Gefangene gefoltert wurden und qualvoll zu Tode kamen. Aber vielleicht war das ja besser, als in irgendeinem Gefängnis über Jahre hinweg gedemütigt und gequält zu werden.

Leutnant Weber brachte mich in einen Raum, in dem sich bereits vier Männer befanden, die mich bösartig anstarrten. Weber stellte mich in die Reihe der Männer. »Schauen Sie in den Spiegel«, befahl er militärisch. Ich folgte seiner Anweisung, Weber gab ein Handzeichen und eine grell leuchtende Lampe über dem Spiegel schaltete sich ein. Schmerzend grelles Licht blendete mich. Ich kniff automatisch die Augen zusammen und hob die Hand schützend vors Gesicht.

»Hand runter!«, befahl Leutnant Weber. Ich gehorchte, wissend, dass hinter dem Spiegel die beiden Zeuginnen standen und mich hasserfüllt identifizieren würden. Meine Wut auf diese Frauen erfüllte mich plötzlich mit Energie. Einmal hatte ich sie entkommen lassen. So etwas würde mir nie wieder passieren!

KAPITEL NEUN

Die Zeuginnen Claudia Becker und Nancy Böhm standen im Nebenraum auf der anderen Seite des Spiegels und die Prozedur sollte für die Frauen nicht länger als nötig dauern. Leutnant Weber hatte eine Kollegin gebeten, den beiden Opfern bei der Identifizierung zur Seite zu stehen. Seine Anwesenheit hätte die beiden nur noch mehr unter Druck gesetzt. Sie sollten sich so genau wie möglich auf den Verdächtigen konzentrieren können. Außerdem wollte er persönlich eingreifen können, falls der Verdächtige Drohgebärden von sich gab. Leutnant Weber rechnete mit allem. Mit der Kollegin der Volkspolizei war verabredet, dass in einem solchen Fall sofort das Licht wieder ausgeschaltet wurde und die Zeuginnen in einen anderen Raum gebracht wurden. Er, Leutnant Weber, hätte sich dann Torsten Krause vorgenommen. Das wäre der Punkt gewesen, an dem er seinen ausgeprägten Wunsch nach Objektivität zurückgestellt und Krause nach Strich und Faden vermöbelt hätte. Weber wartete nur darauf, dass es passierte.

. . .

Mit zitternden Körpern betraten die Zeuginnen Claudia Becker und Nancy Böhm den Raum der Gegenüberstellung. Eine Kollegin der Volkspolizei blieb die ganze Zeit über an ihren Seiten. Zögerlich gingen sie auf eine verdunkelte Scheibe zu, blieben in respektvollem Abstand stehen. In dem Raum hinter der Scheibe befand sich Torsten Krause, der Mann, der die Frauen vergewaltigt und beinahe umgebracht hatte.

»Kann er uns sehen?«, fragte Nancy ängstlich, obwohl Leutnant Weber das Prozedere zuvor mehrmals erklärt hatte.

»Nein«, antwortete die Polizistin geduldig. »Er sieht auf der anderen Seite nur sich selbst in einem Spiegel. Er kann Sie nicht sehen.«

Krauses Augen funkelten hinter der Scheibe vor Arroganz und Boshaftigkeit. Claudia und Nancy nahmen sich zuerst bei den Händen, dann umklammerten sie einander. »Das ist er«, sagte Claudia mit zitternder Stimme. »Gut«, erwiderte die Volkspolizistin.

»Ja, er ist es eindeutig«, bestätigte auch Nancy.

Die Polizistin deutete den Rückweg aus diesem Raum an. »Vielen Dank. Kommen Sie bitte.« Sie führte die Frauen aus dem verdunkelten Raum.

* * *

Die Gerichtsverhandlung, die auf die Gegenüberstellung folgte, verlief zu Dirks Zufriedenheit. Krause wurde die schwere Misshandlung der Frauen vorgeworfen, bei der er sie beinahe zu Tode gebracht hatte. Er hatte sie gequält, nur um sie dann in dem Glauben zurückzulassen, dass sie tot seien. Die Anklage unterstellte ihm eine Mordabsicht, die Richter folgten dem Vorwurf und verurteilten ihn zu zwölf Jahren Haft.

Leutnant Weber konnte endlich aufatmen. Er hatte es

geschafft, einen gefährlichen Serienvergewaltiger hinter Gitter zu bringen. Das war seine Aufgabe gewesen und er hatte sie erfüllt. Doch der Preis, den er dafür zahlte, war hoch. Seine Frau hatte sich von ihm distanziert, enttäuscht von seiner Auflehnung gegen die staatlichen Anordnungen. Und sein Chef und Schwiegervater, Generalmajor Norbert Roth, sah ihn nun als unzuverlässigen Untergebenen an, den er loswerden wollte.

Leutnant Weber wusste, dass er einen hohen Preis gezahlt hatte, doch er hätte nicht anders entscheiden können. Er hatte das Böse gestoppt und die Opfer gerächt. Obwohl er nun vor den Trümmern seines privaten Lebens stand, war er stolz auf das, was er erreicht hatte.

Leutnant Weber genoss für den Augenblick das gute Ende der Geschichte, ohne zu ahnen, welche Wendungen ihm das Leben noch bescheren würde.

KAPITEL ZEHN

Die Ketten an den Fußgelenken waren so eng, dass ich nur Trippelschritte machen konnte, und meine Hände waren auf den Rücken gefesselt. Wie in Trance ließ ich mich aus dem Gerichtssaal treiben. Zwölf Jahre! Alles lief wie ein Film an mir vorüber, ich konnte es nicht fassen. Ein grober Stoß in meinen Rücken ließ mich bedrohlich stolpern, ich machte einen Satz nach vorn. Zwei Polizisten zu beiden Seiten und einer hinter mir trieben mich wortlos aus dem Gerichtssaal. Erneut erhielt ich einen Hieb in den Rücken, machte schnellere Schritte, bevor ich fiel, in meinem Handgelenk ein brennender Schmerz. Man riss mich grob zurück auf die Füße und trieb mich durch mehrere Gänge. Ich fühlte mich, als würde ich zum Schafott geführt. In regelmäßigen Abständen hingen flirrende Neonleuchten an den Flurdecken, die alles in kühles Licht tauchten. Es wurde immer beklemmender für mich, sodass der Zwang zu weinen in mir aufkam. Doch das verkniff ich mir mit aller Kraft. Ich wurde schroff in einen Barkas geschoben. »Da hin!«, befahl einer der Polizisten und deutete auf einen Sitzplatz hinter dem Fahrersitz. Er setzte sich neben mich und kettete mich an einem Ring an. Ein weiterer Polizist befand sich auf der Sitzbank mir gegenüber, der dritte Polizist fuhr den Wagen. Mir lagen tausend Fragen auf der Zunge, doch ich wagte es nicht, ein Wort von mir zu geben.

Die Fahrt zog sich lange hin und ich sehnte mich danach, allein zu sein. Aber dort, wohin ich gebracht wurde, wartete die Hölle auf mich: Bautzen! Also schloss ich die Augen und zählte meine letzten unangenehmen Stunden, Minuten und Sekunden außerhalb dieses Ortes der Qualen. Ausgerechnet Bautzen, das schlimmste Stasi-Gefängnis. Die Überwachung dort wurde als lückenlos beschrieben und die Behandlung als rigoros. Ich kannte schlimme Geschichten, wie es dort zugehen sollte, redete mir aber immer wieder ein, dass es nur Geschichten waren und ich schon irgendwie klarkommen würde. Leider hielten meine Selbstermutigungen nicht lange an und ich war bald überzeugt, mir jeden Augenblick in die Hose machen zu müssen, vor Angst.

»Dein neues Zuhause.« Der Polizist mir gegenüber lachte dreckig und deutete mit einer Kopfbewegung hinter mich. Ich reckte meinen Hals und schaute an ihm vorbei durch die Frontscheibe des Barkas. Wir fuhren im Schritttempo auf ein unheimlich wirkendes Gebäude zu – Bautzen! Hinter uns schloss sich ein riesiges Tor. Ich schluckte schwer. Draußen standen mehrere uniformierte Wärter Spalier. Einer der Polizisten öffnete die Tür des Transporters, der andere packte mich grob an der Jacke und zerrte mich aus dem Wagen. Abermals musste ich schnelle Trippelschritte vollziehen, wenn ich nicht wieder stürzen wollte. Die Schmerzen in meinem Handgelenk kamen wieder zum Vorschein.

»Ich bringe dir einen neuen Gast für die Königssuite.« Der Polizist stieß mich den Wärtern entgegen, die breitbeinig dastanden. Ich fiel vor ihnen auf den Boden, keiner der

Wärter rührte einen Finger, sie starrten nur abschätzig auf mich herab. Ich wagte nicht, mich zu rühren, sah auf ihre schweren Stiefel. »Es waren auch Minderjährige dabei. Eine war siebzehn, wie deine Tochter«, ergänzte der Polizist. Der Wärter, dessen Lederstiefel direkt vor meinem Gesicht waren, nahm nun die Hände hinter dem Rücken hervor. Er hatte einen Knüppel in der einen Hand, den er unter mein Kinn legte und dagegen drückte. Ich hob den Kopf, sah ihn an.

»Ich werde unseren neuen Gast gebührend behandeln, darauf kannst du dich verlassen.« Er zog den Knüppel unter meinem Kinn hervor und schlug ihn klatschend in seine Handfläche. Ich stützte mich vom Boden ab, um mich zu erheben. Plötzlich durchfuhr ein dumpfer Schmerz meinen Rücken, ich sackte zu Boden, wollte schreien. Doch der Wärter holte aus und drosch mir nochmals mit dem Knüppel auf den Rücken. Der Schmerz war höllisch.

»Du bewegst dich erst, wenn ich es erlaube, du Drecksau!«, blaffte er mich an. Dann stieß er sein Knie in mein Gesicht. Ich stürzte rückwärts, sah Sterne. In meinem Mund sammelte sich Blut, ich fühlte einen abgebrochenen Schneidezahn. In Panik spie ich ihn in meine gefesselte Hand und steckte ihn schnell und umständlich in meine Jackentasche. Der Wärter trat zu, die steinharte Sohle seines Stiefels presste sich schmerzhaft in meine Seite. Mir blieb die Luft weg. Weitere Tritte der anderen Wärter prasselten so lange auf mich ein, bis ich am Boden liegen blieb. Mir war schwarz vor Augen.

»Aufstehen!« Mit groben Handgriffen wurde ich in den Stand gezerrt und vorwärtsgetrieben, hinein in das Furcht einflößende Gebäude. Während ich weiter brutal vorangetrieben wurde, zerrissen Kopfschmerzen beinahe meinen Schädel. Im Inneren des Gebäudes blieben wir kurz an einer Durchreiche stehen, durch die mir jemand mein Wäschepaket zuschob. Ich zögerte, alles, was ich tat oder unterließ, konnte schmerzhafte Folgen haben.

»Mach schon«, raunte einer der Wärter und stieß mir die Spitze seines Knüppels in den Rücken. Ich nahm das Paket und ließ mich weiter geleiten. Unsere Schritte hallten mit schaurigem Echo durch das unheildrohend hohe Gebäude. Der Wärter vor mir trug ein Bund mit großen Schlüsseln. Im Vorbeigehen ließ er einen der Schlüssel an den Zellentüren entlang rattern. Alle Insassen waren still, sodass ich mich fragte, ob ich der einzige Gefangene war. Doch dann vernahm ich eine Stimme hinter einer Zellentür. »Ruhe da drinnen!«, befahl der Wärter und drosch mit dem Knüppel gegen die Tür. Sofort verstummte die Stimme. Der Ruf, der Bautzen vorauseilte, entsprach augenscheinlich der Wahrheit. Zwölf Jahre. Ich zitterte am ganzen Leib.

Endlich blieben wir stehen, an der Tür stand in großen weißen Ziffern 251. Der Wärter hinter mir nahm meine Hand- und Fußfesseln ab und verpasste mir einen groben Stoß in den Rücken. Ich stürzte auf den Boden meiner Zelle. Dort schlug ich ungeschickt mit dem Gesicht auf. Die schwere Tür schloss sich krachend hinter mir. Ich rührte mich nicht, blieb so liegen und schmeckte Blut. Mit der Zunge ertastete ich den abgebrochenen Schneidezahn. Wie gelähmt daliegend sah ich den rauen Boden entlang. Zwölf Jahre! Ich würde die nächsten zwölf Jahre in Bautzen verbringen. Noch immer lag ich mit dem Gesicht am Boden, ließ Blut aus meinem Mund rinnen und schloss deprimiert die Augen.

Ein schmerzhafter Tritt in meine Seite weckte mich. »Inspektion!«, brüllte mich ein Wärter an. »Aufstehen!«

Eilig erhob ich mich vom Boden. Wahrscheinlich hatte ich dort von gestern Abend an gelegen, ich hatte kein Zeitgefühl mehr. Automatisch nahm ich eine gehorsam stramme Haltung ein und trat rückwärts an die Wand. Zwei Wärter, der eine, der Brüllende, behielt mich lauernd im Blick, klatschte seinen Schlagstock in die Handfläche und wartete nur darauf, dass er das Ding gegen mich einsetzen konnte. Ich wagte es kaum, zu atmen. Der andere riss indes die Matratze vom Bett und warf sie zu Boden, kippte den kleinen Tisch und den einzigen Stuhl um. Dann untersuchte er das Waschbecken und das Klobecken und stellte sich vor mich. Er stand mit seinen Stiefeln auf der Matratze. »Jeden Tag ist Visite. Einmal morgens. Einmal abends. Finden wir bei dir was, bist du fällig. Hast du das kapiert?«

»Ja«, krächzte ich.

»Lauter!« Er rammte mir die Spitze seines Schlagstockes in die Rippen. »Hast du das kapiert?«, wiederholte er schreiend.

»Ja«, brüllte ich und starrte dabei an ihm vorbei. Sein Blick haftete an mir, ich starrte mit aller Anstrengung weiter über seine Schulter. Er machte eine angewiderte Miene und verließ dann meine Zelle. Der andere Wärter folgte ihm, knallte die Tür hinter sich zu.

Eilig räumte ich die Matratze wieder an ihren Platz, stellte den Tisch und den Stuhl hin, weil das vermutlich von mir erwartet wurde. Meine rechte Seite schmerzte von dem harten Boden. Mein Kiefer schmerzte, von dem ausgeschlagenem Zahn. Und meine Rippen schmerzten von den Stockhieben und Tritten. Langsam ließ ich mich auf dem Stuhl nieder. Die erste Nacht von zwölf Jahren hatte ich hinter mich gebracht. Der erste Tag stand bevor.

Abermals schloss es und die Tür wurde krachend aufgestoßen. Ich erhob mich, stand stramm. Der dickliche kleine Mann mit weißem Kittel sah mich amüsiert an und stellte mir einen Teller und einen Becher auf den Tisch. Draußen behielt ein Wärter uns im Blick. Der Mann im weißen Kittel verließ meine Zelle, der Wärter schloss die Tür wieder. Ich setzte mich. Zwei Scheiben Brot, die sich schon wölbten, dünn mit Butter bestrichen, lagen auf dem Teller. Sonst nichts. Ich nahm den Becher und roch daran. Hagebuttentee, ekelhaft und lauwarm.

Mein erstes Frühstück in meiner neuen Welt.

KAPITEL ELF

1990

Die letzten dreieinhalb Jahre waren die leidvollsten meines Lebens. Meine Vergangenheit als Vergewaltiger hing über mir wie ein düsterer Schatten, und die anderen Insassen rochen die Furcht, die in mir schlich. Jeder Blick, jeder Schritt, jede Sekunde war von Bedrohung durchzogen. Es gab für mich kein Mitleid, keine Gnade. Von dem Moment an, als ich die eisernen Gitter hinter mir hörte, wurde ich zur Beute. Die ersten Tage waren die schlimmsten. Ich bekam Prügel, täglich und überall. Auf dem Weg zur Dusche, im Hofgang oder in meiner Zelle. Überall lauerten sie auf mich wie hungrige Wölfe, die nur darauf warteten, mich zu zerfleischen. Doch das war nicht das Schlimmste. Bald darauf wurde ich vergewaltigt. Der fette widerliche Kerl, der es immer wieder getan hatte, grinste mich an und sagte mir: »Ich bin Axel und du bist jetzt meine Fotze.« Axel mochte Zungenküsse und orale Befriedigung. Die Schmerzen und die Demütigung gruben sich in mich ein wie Messerstiche. Ich wollte mit dem Wachpersonal reden, aber niemand hörte mir zu. Stattdessen kassierte ich Spott und Schläge. Ich war der Abschaum, ein Niemand, verloren in einer kalten, grauen Welt. Was mich am Leben hielt, waren Sehnsucht und Erinnerungen. Sehnsucht nach meiner Schwester und Erinnerungen an all die Haare der Frauen, die ich vergewaltigt hatte. Ich vermisste beides so sehr.

Das Verlangen nach Freiheit, nach einem Hauch von Menschlichkeit, trieb mich an. Ich beschloss, mich gegen Axel zu wehren. Allerdings musste ich klug dabei vorgehen, denn ich war auf mich allein gestellt. Weder von Inhaftierten noch von den Wärtern hatte ich Hilfe zu erwarten. Zwar wurde jede Art von Gewalt oder Aufsässigkeit von den Wärtern mit aller Härte bestraft – ein ungeschriebenes Gesetz, das jeder kannte. Allerdings schützte dieses Gesetz keine Elternmörder und Kinderficker. Da es im ganzen Haus nur einen Elternmörder gab, war ich als Vergewaltiger der nächste, der zum Abschuss freigegeben wurde. Die allgegenwärtigen Aggressionen mussten sich irgendwo entladen. Das Leben in Bautzen war ein komprimiertes Spiegelbild der Gesellschaft draußen. Wurde ich verprügelt oder vergewaltigt, sah man weg. Gleichzeitig lauerte man aber mit Argusaugen darauf, ob ich eine Verfehlung beging.

Meine Rache an Axel musste deshalb so ausgeführt werden, dass ich nicht damit in Verbindung gebracht werden konnte. Zwei Jahre lang musste ich Axel ertragen, bis ich endlich eine Lösung für mein Problem fand. Dazu studierte ich die strikten Abläufe in Bautzen genau: morgens Inspektion und Frühstück. Danach Arbeit bis zur kurzen Mittagspause. Dann Weiterarbeiten bis zum Feierabend, den man mit anderen Gefangenen oder dem Schreiben von Briefen verbringen durfte (außer, man hatte Isolationshaft). Abends Inspektion, Einschluss, Nachtruhe. Überall waren Videokameras, auch in der Zelle.

Während meines Studiums der Umgebung kamen mir

verschiedene Szenarien in den Sinn, wie ich Axel loswerden konnte. So dachte ich zum Beispiel mehrmals daran, ihn niederzuschlagen. Das scheiterte aber jedes Mal daran, dass er einen Kopf größer war als ich und enorm muskelbepackt. Ein Schlag von mir hätte ihn gewiss nicht sofort außer Gefecht gesetzt, was jedoch zur Folge gehabt hätte, dass Axel wiederum mich verprügelt hätte. Es gab keine Möglichkeiten, an eine Waffe zu gelangen, oder etwas, das als Waffe genutzt werden konnte. Die Kontrollen waren lückenlos. Zudem durfte ich keine Arbeiten in Werkstätten oder in der Küche verrichten – eine Schikane. Meine nächste Idee war deshalb, den Stiel meiner Zahnbürste abzubrechen und anzuspitzen, indem ich ihn auf dem rauen Boden entlang schliff. Jedoch war die Zahnbürste so ziemlich der erste Gegenstand, der bei der Inspektion geprüft wurde. Meine Zahnbürste warfen die Wärter jedes Mal ins Klo. Ich fischte sie immer wieder heraus und spülte sie unter dem Wasserhahn ab.

Eines Tages wurde der Elternmörder entlassen. Die Folge war, dass ich von nun an automatisch zum einzigen Subjekt wurde, an dem sich jeder ungestraft auslassen durfte. Zusätzlich wurde mir die freie Stelle als Reiniger der Toiletten zugewiesen. Ich hatte noch nie so etwas Ekelhaftes erlebt. Die Mitgefangenen veranstalteten so etwas wie einen Wettbewerb, wer mir den größten Schmutz hinterlassen hatte. Ich bekam keine Schutzkleidung und musste die Beseitigung der Hinterlassenschaften meiner Mitgefangenen mit allen Sinnen ertragen. In dieser Zeit hatte ich nochmals stark abgenommen, weil ich nichts herunterbekam. Die Bilder und die Gerüche meiner Arbeit schienen mir am Körper zu kleben und das Duschen wurde mir zunächst untersagt. Ich verlor meinen Racheplan aus dem Blick. Erst, als ich Zugang zu der Kammer mit den Reinigungsmitteln bekam, durchfuhr mich wieder neuer Lebensmut. Neben den Kanistern mit Chemikalien entdeckte ich auch Rattengift. In mehreren Pappkartons war das geruchlose Granulat gelagert. Sofort war klar, dass ich Axel damit um die Ecke bringen konnte. Das war meine Chance. Nur mit Mühe konnte ich der Versuchung widerstehen, eine der Packungen an mich zu nehmen. Das wäre natürlich vollkommener Schwachsinn gewesen, denn diese Packung hätten die Wärter schon bei der abendlichen Inspektion entdeckt, sie hätten mich daraufhin nach Herzenslust verprügelt und ich wäre für unbestimmte Zeit in Isolationshaft gelandet. Isolationshaft? Wäre das nicht auch ein Ausweg? Nicht in Bautzen, wo man auf unbestimmte Zeit stehend angekettet in einem Bassin landen konnte, das mit Wasser gefüllt war, welches bis zur Unterlippe reichte.

Ich fand Pergamentpapier, das dem Küchenbereich zugeordnet war. Ich entnahm einen Bogen aus dem Stapel und riss ihn in gleichgroße Quadrate. Darin wickelte ich jeweils eine Portion Rattengiftpulver ein, verschloss es zu einem verknüllten Kügelchen und schob mir dieses in die Wangentasche. An diesem Tag gelang es mir, meine erste Portion Gift in meine Zelle zu schleusen. Es war gefährlich, denn hätte sich das Kügelchen geöffnet, wäre das Gift ausgetreten und hätte sich in meinem Mundraum verteilt. Ich nahm diese Gefahr bewusst in Kauf. Zur Inspektion dieses Abends versteckte ich das Gift wieder in meinem Mund. Niemand schöpfte Verdacht. Die Wärter sahen in mir längst keine Gefahr mehr und führten ihre Durchsuchungen nur noch routiniert durch. Axel erschien, wie immer, ich erduldete ihn, wie immer.

Nach sieben Tagen war die Menge an Rattengift groß genug, dass ich es wagen konnte. Axel hatte die Angewohnheit, seine Zahnbürste mitzubringen, wenn er mich aufsuchte, denn seit einiger Zeit mochte er es auch, mir einen zu blasen. Allerdings nur, wenn er sich danach die Zähne putzen konnte. Ansonsten war es immer der gleiche Ablauf:

Axel vergewaltigte mich, befriedigte mich danach oral, soff meinen Tee aus, legte sich noch einen Augenblick lang genießerisch auf mein Bett. Dann sprang er auf, putzte sich die Zähne, und verließ schließlich meine Zelle wieder ohne ein Wort.

Der Tag war gekommen. Axel lag auf meinem Bett, starrte an die Decke und sog genießerisch an seiner Zigarette. Er war arglos, mir gegenüber. Gut für mich. Schlecht für sein Leben. Dennoch sah ich immer wieder zu ihm herüber, als ich das Rattengift auf seiner Zahnbürste verteilte. Er erhob sich, griff wie erwartet seine Zahnbürste und klopfte gegen meine Zellentür. Diese wurde geöffnet. Axel ging wortlos. Das war der erste Tag, an dem er ging, ohne sich in meiner Zelle noch die Zähne zu putzen. Mein Herz wummerte bei dem Gedanken, dass alles umsonst gewesen war. Oder schlimmer noch, dass mein Tötungsversuch herauskam.

Axel kam nicht wieder. Er hatte sich in seiner Zelle die Zähne geputzt. Ich war ihn los. Dafür kam Dimitrij. Dimitrij war nicht fett und legte keinen Wert auf Oralsex. Aber er liebte es so hart, dass ich danach Darmbluten hatte.

Somit war die Tötung Axels ein Pyrrhussieg, denn Dimitrij war neu und wild auf mich und er brannte darauf, mir meine letzten Überreste von Würde zu rauben.

Nach dem Mauerfall gelangten auch Drogen in den Knast. Ahnungslos nahm ich sie an, und schnell geriet ich in den Sog der Sucht. Die Droge war ein schwacher Trost, ein kurzer Fluchtpunkt aus meiner ausweglosen Existenz. Doch anstatt mir Trost zu spenden, wurde sie bald zu einem weiteren Killer meiner Seele. Jeder Tag war ein Überlebenskampf, ein Schritt näher, hin zu meiner eigenen Vernichtung. Die Hoffnung schwand, und es waren nur noch trübe Vorstellungen, die mich begleiteten. Der Gedanke an Selbstmord wurde zu einem ständigen Begleiter. Wenn ich die Augen schloss, sah ich die Bilder meiner Opfer vor mir, hörte ihre Schreie und fühlte ihren Schmerz. Ich sah mich in ihren Haaren wühlen, während ich einen Erguss in Freiheit erlebte. Es war so schön. Würde ich es jemals wiedererleben? Dafür war die Knastzeit, die noch vor mir lag, jedoch viel zu lang. Ich sah keinen Ausweg mehr.

Doch dann kam der Tag, an dem ich überraschend entlassen wurde. Nach dem Mauerfall galten auch für das Strafgesetz andere Regeln. Ich und die anderen Insassen begriffen schnell, worum es ging. Wir präsentierten uns als Opfer eines Unrecht-Staates. Ich wurde entlassen, bekam eine Auflage zu einer ambulanten Therapie. Dort war ich genau einmal und nie wieder, als ich realisierte, dass ich keine Konsequenzen zu erwarten hatte. Ich war frei, zumindest körperlich. Meine Seele jedoch war längst von einem dunklen Abgrund verschluckt worden. Ich hatte gesehen, wie die Welt funktionierte, wie Menschen zu Bestien wurden, wenn die Zivilisation verschwand. In meinem Inneren hatte sich eine bittere Gewissheit eingebrannt: Ich würde nie wieder ins Gefängnis gehen. In Zukunft würde ich meine Opfer kaltmachen und mich gründlich vergewissern, dass ich es richtig gemacht habe. Ich werde der Kaltmacher!

Die Zeit im Gefängnis hatte mich verändert, hatte mich gelehrt, wie ich meine Pläne besser verbergen und ausführen konnte. Ich wusste jetzt, dass ich niemandem vertrauen konnte, dass jeder Mensch potenzielles Opfer und potenzieller Verräter zugleich war. Meine Reise in den Olymp meiner Befriedigung hatte gerade erst begonnen. Und dieses Mal würde es kein Entrinnen für meine Opfer geben. Denn es würden Frauen sein, die es gewohnt waren, für Geld alles zu tun, sich sogar misshandeln ließen. Und die niemand vermisste.

Ich verließ das Gefängnis mit einer Maske der Gleichgültigkeit auf meinem Gesicht. Ich war ein Jäger, der nur darauf wartete, wieder zuschlagen zu können. Die Welt außerhalb der eisernen Tore erschien mir genauso düster und gefährlich wie die Wände, die mich so lange gefangen gehalten hatten. Hier draußen gab es keine Regeln, keine Sicherheit. Nur das unerklärliche Verlangen, das mich antrieb.

KAPITEL ZWÖLF

Leutnant Weber und seine Frau Jennifer hatten zum Schluss nur noch gestritten und ihm war dabei einmal die Bemerkung herausgerutscht, dass ihm alles zu viel wäre und er in den Westen flüchten wollte. Jennifer hatte das ihrem Vater erzählt, der wiederum hatte es zu Dirk Webers Erstaunen jedoch nicht gemeldet. Aber der Schwiegervater hatte gefordert, dass Dirk wegzieht und Jennifer und die Kinder von da an nicht mehr sehen würde. Dirk war erpressbar, Republikflucht war ein schweres Vergehen, selbst, wenn es nur geplant war. Zähneknirschend musste er sich fügen. Er zog nach Gera, neunzig Kilometer von Plauen entfernt, und nahm dort eine neue Stelle bei der hiesigen Volkspolizei an. Es hatte gedauert, bis wenigstens die Regelung zustande kam, dass Dirk die Kinder einmal im Monat in Plauen besuchen durfte.

In dieser Woche hatte er Tagesdienst und saß nach Feierabend allein in seiner Zweizimmerwohnung vor dem eingeschalteten Fernseher. Unerwartet begann die Übertragung einer Pressekonferenz, in der Günter Schabowski sprach. Dirk erwartete das übliche Gelabere und wollte schon wieder ausschalten, als ihm auffiel, dass Schabowski völlig verstört wirkte. Er nahm einen großen Schluck Bier zu sich, als Schabowski sagte: »Und deshalb haben wir uns dazu entschlossen, heute, eine Regelung zu treffen, die es jedem Bürger der DDR möglich macht, über Grenzübergangspunkte der DDR auszureisen.«

Dirk Weber verschluckte sich, beugte sich hustend vor und starrte ungläubig auf den Fernsehapparat. Er konnte nicht glauben, was er sah und hörte. Schabowski wirkte überfordert, schob Zettel vor sich hin und her, fuhr dann fort.

»Also, Genossen, mir ist das hier so mitgeteilt worden, dass eine solche Regelung heute schon verbreitet worden ist, sie müsste eigentlich in ihrem Besitz sein, also: Privatreisen nach dem Ausland können ohne Vorliegen von Voraussetzungen, Reiseanlässen und Verwandtschaftsverhältnissen beantragt werden, die Genehmigungen werden kurzfristig erteilt.«

Leutnant Weber stellte seine Bierflasche auf dem Tisch vor sich ab, erhob sich und konnte kaum einen klaren Gedanken fassen. Diese Meldung war eine Weltsensation. Hatte er es richtig verstanden, dass Ausreisen aus der DDR jederzeit möglich waren?

Ein Journalist wandte sich mit einer Frage an Schabowski: »Ab wann tritt das in Kraft?«

Der sichtlich irritierte Schabowksi antwortete: »Das tritt nach meiner Kenntnis ... ab sofort, unverzüglich in Kraft.«

Fassungslos verharrte Leutnant Weber vor dem Fernseher. Wenn diese Meldung wirklich real war, wären die Grenzen faktisch offen. Das war eine derart unglaubliche Meldung, dass er es zuerst nicht glauben konnte. Aber dann drängten sich sofort Gedankenspiele auf. Er könnte endlich in den Westen gehen. Alles, wovon er jahrelang geträumt hatte, könnte wahr werden. Er müsste nicht mehr mit seiner Meinung hinterm Berg halten, könnte sich offiziell für die neuesten Ermittlungsmethoden und Techniken interessieren.

Niemand würde ihn belangen können, nur weil er sich für amerikanische Literatur interessierte.

Von Energie erfüllt ballte er die Fäuste. Niemand konnte ihm mehr wegen seiner vor über einem Jahr geplanten Republikflucht drohen. Genau das hatten Jennifer und ihr Vater getan. Genau deshalb wohnte er nicht mehr in Plauen, wo Jennifer und die Kinder wohnten. Dirk Weber hatte die Freiheit vor Augen. Es war so unwirklich, dass er immer wieder zum Fernseher schaute, sich den Nacken rieb und aufgeregt im Zimmer umherlief. Es gab niemanden, mit dem er jetzt reden konnte, denn er hatte sich vom gesamten Freundeskreis distanziert. Man konnte nie wissen, wer noch so tickte, wie Jennifer. An seinem neuen Arbeitsplatz hatte er auch noch keine Freundschaften geschlossen. Er musste dieses Ereignis also allein verarbeiten. Innerlich machte er Freudensprünge, aber er wollte nichts überstürzen. Seine Skepsis war groß. Mit Sicherheit wurden diejenigen, die jetzt ausreisten, registriert. Leutnant Weber würde es nicht zu früh riskieren und auf einer Liste für Republikflüchtige landen. Er knetete aufgeregt seine Hände, ging dabei zum Fenster. Draußen war alles ruhig, wie immer.

Leutnant Weber nahm die Bierflasche vom Tisch und setzte sich damit wieder auf die Couch. Er würde das weitere Geschehen verfolgen und dann entscheiden. Bis die Aktuelle Kamera begann, war noch knapp eine Stunde Zeit. Was die Öffnung der Grenzen wohl für seine Kinder bedeuten würde? Neugierig schaltete er das Westfernsehen ARD ein. Gerade in diesem Augenblick begann eine Sondersendung Tagesthemen. Zur Anfangsmusik lief am unteren Bildschirmrand ein Ticker, +++ DDR öffnet Grenzübergänge +++. Der Moderator begann seine Ansage: »Die Tore in der Mauer stehen weit offen. Die DDR hat dem Druck nachgegeben. Der Reiseverkehr in Richtung Westen ist frei. Guten Abend, meine Damen und Herren! Im Umgang mit Superlativen ist Vorsicht geboten, sie nutzen sich schnell ab. Aber heute kann man einen riskieren: Dieser 9. November ist ein historischer Tag. Die DDR hat mitgeteilt, dass ihre Grenzen für jedermann geöffnet sind, die Tore in der Mauer stehen weit offen.«

* * *

Acht Monate nach dem Mauerfall waren bereits einige Träume von Freiheit, die Dirk Weber einst hatte, geplatzt. Er parkte vor dem frisch renovierten Dienstgebäude der Kriminalpolizeistation in Gera, neunzig Kilometer von Plauen entfernt. Er nahm den Aufzug in den dritten Stock. Von der neuen faszinierenden Technik, die es im Westen gab, war lange Zeit in den östlichen Behörden nichts zu sehen. Mit Ausnahme einiger ausrangierter Computer, Telefone und Kopiergeräte. Zudem war das Arbeiten unter westlicher Regierung nicht annähernd so wunderbar, wie Weber sich das immer vorgestellt hatte. Auch im Westen wurde nur mit Wasser gekocht. Hätte er das geahnt. Dafür hatte er nun mit seiner Frau Jennifer so oft gestritten, bis ihre Ehe daran zerbrach!

»Guten Morgen«, brabbelte er, als er das Büro betrat, und erhielt eine ebenso unfreundliche Antwort von Kollegen Jens Lehmann. Er stellte seine Aktentasche neben dem Schreibtisch auf den Boden, hängte seine schwarze Lederjacke über die Stuhllehne, schaltete den Computer ein und ging zur Küche. Es war 06:30 Uhr, in einer halben Stunde begann sein Dienst. Dirk Weber begann die Arbeitstage gern gemächlich.

Bevor er die Kaffeemaschine einschalten konnte, klingelte sein Telefon. Automatisch eilte er zurück zu seinem Schreibtisch, sah die 21 im Display – Ute! Die Kollegin aus der Kriminaltechnik war der einzige Lichtblick in Webers Leben. »Guten Morgen«, sagte er, nachdem er abgenommen hatte.

»Guten Morgen, Dirk. Du schuldest mir noch einen

Abend zu zweit.« Ute lachte. Immer wenn sie das tat, strahlte Dirk innerlich. Ute war ganz anders als Jennifer. Noch nie im Leben hatte Dirk so viel gelacht und sich so häufig wohlgefühlt, wie in der Zeit mit Ute. War es Liebe? Er wollte nicht weiter darüber nachdenken, denn Liebe machte verwundbar. »Habe ich etwas vergessen?«

»Nicht direkt. Du hast mir doch neulich davon erzählt, dass es dich interessieren würde, wie vernetzt wir nach einer bestimmten Person suchen könnten.«

»Das ist schon mindestens vier Wochen her. Du hast es nicht vergessen?«

Ute lachte. »Ich vergesse nix, schon vergessen?« Abermals kicherte sie. »Also, wie sieht es aus, kommst du in mein Labor? Dann zeige ich dir meine neueste Errungenschaft.«

»Hast du schon Kaffee gekocht?«, fragte er mit einem Lächeln in seiner Stimme.

»Würde ich sonst bei dir anrufen?«

Während Dirk die Stufen hinunter flitzte, kam ihm Torsten Krause in den Sinn. Der Verbrecher, den er vor Jahren ins Gefängnis brachte, war der Anlass für sein Interesse an bundesweiten Recherchemöglichkeiten zu Personen. Dirk war nach wie vor davon besessen, Krause im Blick zu behalten, obwohl außer ihm niemand diesen Verbrecher weiterhin als potenzielle Gefahr sah. Dirk stieß die Tür zum Kriminallabor im Kellergeschoss auf, ging durch den Vorraum und gelangte in Utes Reich. Sie saß vor einem Computer und hatte ihm den Rücken zugewandt. Ihre brünetten Haare waren zu einem dicken Zopf geflochten, der über den halben Rücken ragte. Er berührte ihre zarten Schultern, beugte sich vor und küsste ihren Hals. Ute wandte sich ihm zu, erhob sich und legte ihre Arme um seinen Hals. Ihr Kuss war warm, ihre Lippen weich und ihr Körper fühlte sich schlank und fest an. Es ging nicht nur um Sex. Sie hätten längst zusammenziehen können oder auf sonst eine andere Weise ihre Beziehung auf die nächste Stufe heben können. Dirk spürte, dass Ute nur darauf wartete. Ein Wort von ihm und sie wäre bei ihm eingezogen. Er streichelte Ute zärtlich und sah ihr lange in die Augen.

»Ist etwas nicht in Ordnung?«, fragte sie.

»Nein, nein, alles gut. Ich war nur in Gedanken.«

»Schau dir das an«, sagte Ute, setzte sich wieder und tippte flink auf der Tastatur. Dirk hasste Computerarbeit. Das gab er zwar nicht offiziell zu, er drückte sich aber davor, wo er konnte. Eine hell erleuchtete Suchmaske erschien auf dem Bildschirm. »Was kann man damit genau anstellen?«, fragte er und ließ seinen interessierten Blick auf dem Monitor.

»Nenne mir Daten zu einer Person, und das System findet alles, was dazu gespeichert wurde.«

Dirks Puls beschleunigte sich. »Torsten Krause«, brachte er sofort hervor. »Geboren am 1.7.1959 in Oelsnitz/Vogtland, 1987 wegen Vergewaltigung und schwerer Körperverletzung zu zwölf Jahren Haft verurteilt.«

Ute tippte flink die Daten ein, wandte sich dann langsam zu Dirk herum. Ihr fragender Blick sprach Bände. Er hatte ihr noch nie von Krause erzählt. »Ein Fall aus der Vergangenheit, für den ich mich interessiere.«

»Okay«, sagte Ute lächelnd und drückte dann die Enter-Taste. Ein Wartesymbol erschien, Dirks Herz schlug schneller. Er war gespannt, zu erfahren, wo der Mistkerl untergebracht war. Bautzen wurde nach der Wende geschlossen und die Gefangenen auf andere Gefängnisse verteilt. Nicht, dass Dirk die Zustände in Bautzen gutheißen wollte. Aber Leute, wie Krause, waren keine Chorknaben. Die im normalen Strafvollzug unterzubringen, konnte Weber auch nicht befürworten.

Als das Ergebnis der Abfrage auf dem Bildschirm erschien, dachte Kriminaloberkommissar Weber, dass ihn der

Schlag treffen würde. »Das kann nicht sein ...«, entfuhr es ihm in einem Ton, den Ute noch nicht von ihm kannte. Er drängte sich an ihr vorbei, um näher heranzugehen. »Krause wurde entlassen? Das kann nicht sein. Überprüfe das!«

Ute schluckte. Sie öffnete dazugehörige Unterordner und sah sich darin befindliche Informationen an. »Torsten Krause wurde vor vier Wochen vorzeitig entlassen. Er hat die Auflage zu einer ambulanten Therapie bekommen. Laut eines Gutachtens gilt er als resozialisiert und stellt keine Gefahr mehr für die Allgemeinheit dar.«

»Was für ein Schwachsinn!«, brüllte Dirk und ging aufgebracht umher. »Krause resozialisiert, dass ich nicht lache. Der Kerl ist eine tickende Zeitbombe.«

Ute stellte sich vor Dirk und legte sachte ihre Hände an sein Gesicht. »So aufgebracht habe ich dich noch nie erlebt, Dirk. Willst du darüber reden?«

Er schob ihre Hände beiseite. »Ich brauche seine Adresse.«

»J-ja. Gut.« Ute schrieb ihm die Daten auf einen Zettel und reichte ihm den.

»Danke.« Dann verließ Dirk Utes Labor, ohne sich zu verabschieden.

Hof lag eine gute Autostunde von Gera entfernt. Dirk Weber hatte sich kurzerhand krankgemeldet, in seinen Wagen gesetzt und befand sich auf dem Weg zu Krauses aktueller Meldeadresse. Aus welchem Grund Krause in ein anderes Bundesland zog, lag für Dirk auf der Hand: Krause baute darauf, dass die Polizeidienststellen noch keine bundesweite Vernetzung hatten. Aber Krause hatte nicht mit ihm, Weber, gerechnet. Weber würde diesen Verbrecher nicht aus den Augen lassen. Die schrecklichen Bilder der Vergewaltigungsopfer Claudia Becker und Nancy Böhm würde Weber nie im

Leben vergessen. Es hatte eine unglaubliche Anstrengung erfordert, dass die vergewaltigten und misshandelten Frauen am Ende doch noch gegen Krause aussagten und dieser Schwerverbrecher mit den Zeugenaussagen verurteilt werden konnte. Dass der Kerl nach gerade einmal drei Jahren wieder auf freiem Fuß war, wollte Weber einfach nicht glauben. Er musste Krause gegenüberstehen. Er musste ihm in die Augen sehen und ihm sagen, dass er unter Beobachtung stand.

Dirk Weber fuhr an dem Haus vorbei. Eine Straße mit Miethäusern aus den Fünfzigerjahren, klein und miefig, Gaslaternen, Kopfsteinpflaster auf der Fahrbahn. Er wendete, blieb an der dunkelsten Stelle zwischen zwei Laternen stehen und stellte den Motor aus. Der dunkelblaue Passat verschwand beinahe in dem schummerigen Licht. Routinemäßig tastete KOK Weber nach seiner Dienstwaffe, stieg aus und schloss die Wagentür routiniert leise. Im zweiten Stock brannte Licht, Krause war womöglich zu Hause. Weber ging ins Haus, ließ die Beleuchtung aus und flitzte die Stufen empor. Als er an der Wohnungstür ankam, wurde von drinnen entriegelt. Flink rannte Weber eine halbe Etage weiter nach oben und presste sich mit dem Rücken gegen die Hauswand, lauschte. Jemand trat aus der Wohnung, die Tür wurde zugezogen, Schlüssel klapperten. Alles wurde von dem Echo des Hausflurs verstärkt. Weber schob seinen Kopf so weit vor, dass er hinunter spähen konnte. Von hinten betrachtet konnte der Mann, der zuschloss, Krause sein. Weber wartete, bis er sich umdrehte. Er bekam das Gesicht nur kurz und von der Seite zu sehen, aber es war Krause! Umgehend folgte Dirk Weber dem Mann.

Die Nacht lag vor ihnen, Krauses Jagdzeit. Weber wartete, bis Krause mit einem roten 80er Opel Kadett losfuhr, dann stieg er eilig in sein Fahrzeug und nahm die Verfolgung auf.

Krause schlich in seinem Wagen durch die einschlägigen

Straßen. Vor mehreren Prostituierten verlangsamte er die Geschwindigkeit, fuhr aber immer wieder weiter. Weber ließ so viel Abstand, dass Krause keinen Verdacht schöpfte. Immer wieder klopften Frauen an seine Seitenscheibe und riefen ihm irgendetwas zu, er ignorierte sie, behielt stattdessen seinen Blick bei Krauses Wagen. Als eine junge Frau mit langen dunklen Haaren in Krauses Wagen stieg, krampften sich die Finger des Kriminaloberkommissars um das Lenkrad. Ungeduldig begann er die Verfolgung zu schnell, verlangsamte seinen Wagen wieder und blieb von da an in sicherem Abstand. Die Fahrt dauerte ungewöhnlich lange, aber KOK Weber blieb dran.

Krause blinkte und bog schleichend ab. Weber erkannte, dass es keine Straße war, in die Krause fuhr. Würde er jetzt weiter folgen, war er aufgeflogen. Er stoppte seinen Wagen auf einem Grasstreifen am Straßenrand und stellte den Motor aus. Eilig stieg er aus, lief näher heran. Durch Büsche hindurch sah er einen verlassenen Parkplatz. Krauses Wagen war der einzige. Angewidert verharrte der KOK in unbequemer Position, während der Verbrecher Krause es sich im Wagen gut gehen ließ. Es begann, zu regnen. Kriminaloberkommissar Weber trug nur ein Hemd, er spürte jeden Tropfen auf seinen Körper klatschen. Dirk Weber hatte die Schnauze voll. Völlig durchnässt ging er geduckt zu seinem Wagen zurück, setzte sich hinein und zog die Tür hinter sich zu. Der Regen prasselte mit unerbittlicher Härte auf das Autodach. Die feuchte Kälte kroch langsam in seine Knochen und verstärkte das Gefühl seiner Wut. Ein weiteres Mal im Leben hatte ihn seine Besessenheit von Krause geleitet. Befand er sich überhaupt noch auf dem richtigen Weg? Der Mann, den er gerade observierte, war mit Sicherheit ein gefährlicher Mensch. Aber er tat nichts Unrechtes.

Nachdem er, Kriminaloberkommissar Weber, bereits eine Ehe in den Sand gesetzt hatte, war er nun auf dem besten

Weg, auch seine taufrische Beziehung mit Ute kaputtzumachen. Er vermisste Ute. Anstatt ihre warme Umarmung zu genießen, saß er völlig durchnässt in einem Dienstwagen und observierte, wahrscheinlich grundlos, Krause. Warum tat er sich das an? Er könnte auf der Stelle zurückfahren, bei Ute klingeln und nach einer heißen Dusche eine wundervolle Nacht mit dieser hinreißenden Frau verbringen.

Es wäre zu schön. Aber tief in seinem Inneren war Kriminaloberkommissar Dirk Weber bereits in einer komplexen und verstörenden Welt gefangen, in der nichts so war, wie es schien. Eine Welt, die von jenen Verbrechern gemacht wurde, die er jagte. Er wusste, dass Krause nie aufgehört hatte, ein bedrohliches Phantom zu sein, das nur darauf wartete, erneut zuzuschlagen. Er musste ihn jagen. Es gab keinen anderen Weg.

KAPITEL DREIZEHN

Kurz zuvor

Ich saß in meiner spärlich möblierten Wohnung in Hof. Die Wände waren von einem abblätternden Weiß, das den Eindruck vermittelte, als hätten die Jahrzehnte die Farbe davongetragen. Der Raum war erfüllt von einer stickigen, beinahe erdrückenden Atmosphäre, die meine Gedanken gefangen hielt und mir keine Ruhe ließ. Der ständige Schatten meiner düsteren Vergangenheit hing wie ein Damoklesschwert über mir.

Während der Haft hatte ich eine Sache gelernt: Die Bullen, die mich jagten, hatten Schwierigkeiten, über die Grenzen der Bundesländer hinweg zu ermitteln. Deshalb zog ich nach Hof. Bayern, das schien mir sicherer zu sein, unergründlich, ein Schutzschild, das mich vor den unaufhörlichen Blicken der Ordnungshüter verbarg. Ein perfekter Ort, um meinen finsteren Plänen nachzugehen. Meine Idee war so einfach, wie genial: In anderen Ländern zu töten, müsste sicherer sein, dachte ich mir. Zu diesem Zweck hatte ich meinen Führerschein für Lastkraftwagen gemacht. Als Fernfahrer konnte ich Grenzen überqueren, unbemerkt, unauffällig, und meine schrecklichen Taten vollbringen, ohne Gefahr zu laufen, geschnappt zu werden. Es war eine Strategie, die Perfektion erforderte, und ich war überzeugt, dass ich der Herausforderung gewachsen war.

Die Vorfreude, die sich in mir aufbaute, war berauschend. Mein neuer Job als Fernfahrer begann morgen, und ich konnte es kaum erwarten, meine erste Reise anzutreten. Der Gedanke an die unzähligen Geheimnisse, die ich in den kommenden Monaten und Jahren in mir verborgen halten würde, ließ mich innerlich erzittern.

Doch trotz meiner inspirierenden Pläne, trotz des damit verbundenen Glücksgefühls, das mein Leben beherrschte, gab es eine Sehnsucht in mir, die ich nicht ignorieren konnte. Ich vermisste meine geliebte Schwester Yvonne. Ihre Erinnerung, die sanften Augen und das liebevolle Lächeln, das sie mir einst geschenkt hatte, waren wie ein Umriss in meinem Herzen. Obwohl wir in meiner Zeit in Bautzen keinen Kontakt hatten, wusste ich, dass sie immer an meiner Seite war, trotz allem, was passiert war.

Ich nahm das Telefon in die Hand und wählte ihre Nummer. Der Klang des Wählens war ein Echo der Vergangenheit, ein unsichtbares Band, das uns verband. Endlich hörte ich ihre Stimme, ein Hauch von Vertrautheit in der Kälte, die mich umgab. Ich teilte die guten Neuigkeiten mit ihr, erzählte von meiner Entlassung, von meinem neuen Leben als Fernfahrer und dass ich am nächsten Tag meine erste Tour nach Spanien antreten würde.

»Das ist großartig, Torsten«, sagte sie mit erfreutem Unterton. Ich konnte Unmut in ihrer Stimme spüren, den sie zu verbergen versuchte. Aber ich kannte sie zu gut, um es zu überhören. Sie würde Zeit brauchen, die gab ich ihr. Es war nicht einfach für sie, da ich wegen Vergewaltigung verurteilt wurde. Ich wollte nicht, dass sie auflegte.

»Wir haben uns so lange nicht gesprochen, Yvonne. Ich würde dich gern sehen.«

»Ich hatte Angst, für Bautzen einen Besucherschein zu beantragen.« Abermals hatte ich das Gefühl, dass sie mich loswerden wollte.

»Ich weiß noch nicht genau, wie viele Tage ich brauche, um von meiner Tour aus Spanien zurückzukommen. Ich melde mich, sobald ich wieder in Hof bin.«

»Ja, gut ...«

»Halt!«, unterbrach ich Yvonne, denn ihre Stimme brachte unweigerlich Erinnerungen an ihr wundervolles Haar zurück und an Sandy – Yvonnes Puppe, die sie mir schenkte und deren langes Haar mich so viele Jahre lang erregte. »Soll ich dir eine Puppe aus Spanien mitbringen? Vielleicht eine Flamencotänzerin?«

Ihre Reaktion jedoch war eigenartig, unerklärlich. Ein seltsames Schweigen legte sich über die Leitung, und ich spürte, wie meine Vorfreude langsam von einer unheimlichen Beklemmung erstickt wurde.

»Ich muss jetzt auflegen, Torsten.«

»Yvonne, was habe ich denn nur falsch gemacht?«, fragte ich, meine Stimme war gefüllt mit Verzweiflung. Doch sie verabschiedete sich noch mal so kühl, als ob sie etwas zu verbergen hatte. Der Klick am anderen Ende der Leitung klang wie ein endgültiges Urteil, und ich stand wieder alleine da, von schmerzender Einsamkeit umgeben.

Die Welt, für die ich bestimmt war, ist für die meisten Menschen verstörend und unerbittlich. Doch nichts war so unheimlich wie die Geheimnisse, die ich in mir trug. Und in dieser beklemmenden Dunkelheit, in diesem düsteren Abgrund, würde ich meine schrecklichen Taten vollbringen, in der Hoffnung, dass meine Schwester eines Tages verstehen würde, dass alles, was ich getan habe, aus Sehnsucht nach Liebe geschah.

. . .

Ich war verzweifelt, legte mich aufs Bett und versuchte, meine Traurigkeit zu unterdrücken. Tränen drangen aus meinen geschlossenen Lidern. Verzweifelt erhob ich mich und ging nervös umher. In Bautzen hatte ich alles ertragen, wirklich alles. Aber wenn Yvonne sich von mir abwendete, würde mich das umbringen. Wie sollte ich meine eigenen Abgründe nur vor Yvonne verbergen? Niemand kannte mich so gut wie sie. Verzweiflung ergriff von mir Besitz, und ich ließ mich erneut auf das heruntergekommene Bett in meiner düsteren Wohnung fallen. Die Wände schienen sich zu verengen, und die Dunkelheit drängte auf mich ein, als ob sie mich erdrücken wollte. Die Traurigkeit, die mich umgab, war eine bleischwere Last, die mich nicht loslassen wollte. Doch ich würde Yvonne zurückgewinnen, koste es, was es wolle. Trotzig wischte ich die Tränen ab.

Ich dachte an Spanien, an die Vorstellung, in einem fremden Land unbehelligt agieren zu können. Ich würde dort Prostituierte in die große Kabine meines Lastwagens locken und sie dort so lange misshandeln, bis meine Samenleiter auf den letzten Tropfen entleert sind. Dann würde ich sie kaltmachen. Keine von ihnen würde mich verraten. Keine würde mich jemals wieder ins Gefängnis bringen, das schwor ich mir. Dieser Gedanke erregte mich, er belebte mich auf eine unglaubliche Weise. Spanien war ein Land voller Möglichkeiten, ein Ort, an dem niemand mich kannte und an dem ich mich ausleben würde.

Ich fühlte mich voller Energie und Gierigkeit nach erregenden Haaren. All die Jahre hatte ich auf dieses Gefühl verzichten müssen, nun endlich war ich frei. Ich holte die Puppe, die ich gestern in einem Spielwarengeschäft gekauft hatte, zerrte meine Hose herunter und umspielte mich mit den Haaren der Puppe. Aber sie war nicht Sandy, jene magische Puppe, die ich damals von meiner Schwester Yvonne geschenkt bekommen hatte. Diese neue Puppe erregte mich einfach nicht. Ich bekam keinen Erguss.

Wütend erhob ich mich von meinem Bett, als ob der plötzliche Zorn die erdrückende Verbitterung abschütteln konnte. Ich verließ meine Wohnung und begab mich auf die einschlägigen Straßen von Hof, auf der Suche nach einer Prostituierten. Sie müsste nahe an mich herangehen, so nahe, dass ich ihre Strähnen an meinem Gemächt spürte und ich den erlösenden Erguss bekäme.

Nach mehreren Versuchen, bei denen ich auf Ablehnung oder Desinteresse stieß, traf ich schließlich auf die Richtige. Sie hatte lange, dunkle Haare, die wie ein Schleier die Blässe ihres Gesichts verbargen. Eine Drogensüchtige. Sie stieg in meinen Wagen, ohne ein Wort zu verlieren. Ihr Gesicht war ausdruckslos, resigniert, und ich fragte mich, was sie in diese trostlose Existenz geführt hat. Ein Missbrauch als Kind? Im Westen war scheinbar alles möglich, auch das.

Während wir uns zu einem abgelegenen Ort begaben, schwieg sie weiterhin. Die Dunkelheit um uns herum wurde nur von den trüben Lichtern der Straßenlaternen durchbrochen. Mein Puls wummerte in meinen Ohren, und ich spürte, wie die Kontrolle in meinen Händen lag. Die Gewissheit, dass ich über Leben und Tod entscheiden konnte, war wie eine Droge, die meine Sinne benebelte. Die Frau schluckte meinen Schwanz, sog, bemühte sich, dass sie alles schnell hinter sich bringen konnte. Ich durchstreifte ihre Haare mit meinen Fingern. Endlich wieder Haare! Meine Erregung steigerte sich unermesslich. Bilder stiegen in meinen Kopf. Bilder, wie ich diese Frau fesselte, während ich mich an ihr verging. In meiner lebensechten Fantasie zog ich eine Schlinge um den Hals der Frau zu, während ich sie vergewaltigte. Sie konnte sich nicht wehren, ihr Blick wurde fahrig, sie erstickte, während ich meine Finger in ihre Haare krallte und sie dabei heftig fickte. Als die in meiner Fantasie erhängte

Frau erstickte, spürte ich die Hure wieder, die mir in der Realität einen blies, und spritzte ab. Sie richtete sich unverzüglich auf und nahm ein Papiertaschentuch vor den Mund, in das sie meinen Erguss hinein spie.

Dann ging in der Wirklichkeit alles ganz schnell und geschäftig vonstatten. Die Hure setzte sich schweigend aufrecht, zog ihren Rock wieder zurecht und ich knöpfte meine Hose zu. Ohne Worte startete ich den Wagen und begann den Rückweg. Meine Gedanken hingen unnachgiebig an meinem eben erlebten Tagtraum, als mein Blick in den Rückspiegel fiel. Da waren Scheinwerfer in der Dunkelheit und erinnerten mich daran, dass mir schon vorhin jemand gefolgt war. Wie ein Schatten, fast unsichtbar war er hinter mir gewesen. Verdammt, war es ein Polizist? Der Gedanke an eine erneute Verhaftung trieb mir den Schweiß auf die Stirn.

»Kannst du nicht schneller fahren?«, krächzte die Nutte vom Beifahrersitz her zu mir herüber. Ein kurzer Blick in den Rückspiegel – die Scheinwerfer waren verschwunden. Ich bremste abrupt, die Nutte machte einen ungelenken Satz nach vorn. »Was soll das?«, schrie sie und stützte sich am Armaturenbrett ab. Sie glotzte mich wütend an.

»Halt deine Fresse«, schrie ich. Sie raffte ihre billige Handtasche, öffnete die Tür und stieg eilig aus. Im Rückspiegel beobachtete ich sie. Ich musste auf der Hut sein, ich durfte keinen Fehler machen. Mit Sicherheit würde ich niemals wieder im Knast landen! Die Nächste, die ich in Spanien in meinen Wagen holen würde, sollte nicht so glimpflich davonkommen. Spanien, ich komme!

Meine unheilvollen Pläne waren in Bewegung, und nichts konnte mich aufhalten.

KAPITEL VIERZEHN

Endlich war die unerträgliche Zeit des Wartens vorbei. Kriminaloberkommissar Dirk Weber rutschte in seinem Fahrersitz weit nach unten, als die Scheinwerfer von Krauses Wagen sich erhellten. Das Fahrzeug, in dem Krause und die Prostituierte saßen, verließ den einsam gelegenen Parkplatz und bog in die Landstraße ein. Er fuhr langsam. Als er weit genug entfernt war, setzte KOK Weber sich wieder aufrecht und folgte Krause. Dieses Mal hielt er genügend Abstand. Er konnte auf die Entfernung nicht erkennen, wer in dem Wagen vor ihm saß, aber es war Krauses Wagen und niemand sonst war auf dem Parkplatz gewesen.

Nach kurzer Strecke kam ihm ein schrecklicher Gedanke: Was, wenn Krause der Frau etwas angetan hatte und sie auf dem vereinsamten Parkplatz zurückgelassen hatte? Sollte er wenden und nachsehen oder weiter Krause folgen? Er spürte die Feuchtigkeit seiner Hände am Lenkrad. Warum fuhr Krause so auffällig langsam, blieb beinahe stehen? Weber schaltete schnell die Scheinwerfer aus. Doch nur kurz darauf bremste Krause. KOK Weber wartete. Nach wenigen Sekunden wurde die Beifahrertür von Krauses Wagen aufgestoßen und die Prostituierte stieg aus. Sie kam in die Richtung, in der KOK Weber im Dunkeln wartete. Krauses Wagen fuhr weiter. Sofort realisierte KOK Weber die Chance: Offenbar hatten Krause und die Frau einen Streit, die Frau würde reden.

Er schaltete das Licht seines Wagens ein und fuhr langsam an. Die Frau blieb kurz stehen, wechselte aber sofort in den professionellen Modus und präsentierte sich aufreizend. KOK Weber stoppte neben ihr, beugte sich zum Türgriff der Beifahrertür und stieß diese auf. »Steigen Sie bitte ein.«

Die Prostituierte nahm unverzüglich Platz. »Du hast es wohl eilig, Süßer.«

KOK Weber ekelte der Gedanke. »Ich bin von der Polizei – keine Sorge, es geht nicht um Sie. Mich interessiert nur der Mann, aus dessen Wagen Sie eben gestiegen sind.«

KOK Weber verzichtete zunächst bewusst auf Formalitäten, um besser ins Gespräch zu kommen und möglichst viel von ihr zu erfahren. Die Frau sah den Kommissar kritisch an. »Was ist mit dem Kerl? Ist der gefährlich oder so was?«

»Erzählen Sie mir, was er von Ihnen verlangt hat. Möglichst genau bitte.«

»Weiß nicht, das Übliche eben. Nur Blasen, nicht Ficken.«

»Hm. Warum sind Sie dann ausgestiegen, hier mitten auf einer Landstraße?«

»Weil er 'n Idiot ist. Er hat plötzlich gebremst, wie ein Ochse und ich bin fast mit dem Kopf wo gegengeknallt. Dann hat er auch noch rumgebrüllt. Da bin ich raus.«

»Verstehe. Hat er Sie angegriffen? Wollte er Sie schlagen?«

»Ne, bin ja vorher ausgestiegen.« Sie kniff ihre Augenlider zusammen. »Wenn ich es mir so überlege, war vielleicht 'n bisschen merkwürdig, dass er andauernd in meinen Haaren gewühlt hat. Scheint 'n Perverser zu sein. Sie glauben nicht, wie viel davon rumrennen. Ich hatte mal einen, der ...«

»Schon gut«, unterbrach KOK Weber die Frau, die auf

einmal gesprächig wurde. »Mich interessiert nur dieser Mann. Beschreiben Sie genauer, was es mit dem Gewühle in Ihren Haaren auf sich hatte. Wie hat er das gemacht? Hat er dabei etwas gesagt oder etwas Auffälliges getan? Jedes Detail kann wichtig sein.« KOK Weber erinnerte sich an die Zeugenaussagen von Claudia Becker und Nancy Böhm, die Krause vor beinahe vier Jahren ins Gefängnis brachten. Die Frauen hatten Ähnliches angedeutet. Jedoch hatte diesen Details damals niemand eine Bedeutung beigemessen.

Die Frau hob kurz die Schultern. »Keine Ahnung. Ich musste ihm halt einen blasen. Er kam zuerst nicht richtig in Fahrt. Erst, als er an meinen Haaren herumgefummelt hat, bekam er einen Ständer. Und dann packte er fester zu und legte auch die Finger einer Hand um meinen Hals. Dann hat er abgespritzt.« Sie schaute auf ihre Armbanduhr. »Hören Sie, Herr Kommissar, ich muss heute noch ’n bisschen was verdienen, verstehen Sie?«

»Ja klar. Entschuldigung. Warten Sie.« Kommissar Weber zog sein Portemonnaie aus der Jackentasche und hielt der Frau einen Fünfziger hin. Als sie zugreifen wollte, zog er den Schein zurück. »Ich hätte gern Ihren Namen und Ihre Wohnadresse, falls ich noch Fragen habe.«

»Spinnen Sie? Wenn ein Bulle bei mir aufkreuzt, prügelt mich Lothar windelweich.«

»Beruhigen Sie sich. Ich kann Sie auch mit aufs Revier nehmen und offiziell Ihre Personalien feststellen, wenn Ihnen das lieber ist.«

»Arschloch!« Sie kramte ihren Ausweis aus der Tasche und reichte ihn Kommissar Weber.

»Danke«, sagte er knapp, und vermerkte alles in seinem Notizheft. »Cornelia Raschke«, murmelte er währenddessen. »Einundzwanzig, wohnhaft in der Sedanstraße.« Dann gab er ihr das Dokument zurück. »Ich fahre Sie zu Ihrem Platz zurück, einverstanden?«

»Von mir aus.« Cornelia Raschke saß mit verschränkten Armen und sah beleidigt aus dem Seitenfenster. Weber hatte durchaus Verständnis für die Situation der Frau. Aber sie konnte vielleicht einmal eine wichtige Zeugin sein.

Als er am Standplatz Cornelia Raschkes anhielt, stieg sie unverzüglich aus und knallte die Beifahrertür hinter sich zu, ohne ein Wort zu sagen. Weber sah ihr einen Augenblick lang hinterher. Die von ihr beschriebenen Verhaltensweisen Krauses deuteten eindeutig auf eine Obsession hin. Das passte perfekt in Webers Bild von diesem Verbrecher.

Cornelia stand an ihrem Platz, deutete missmutig an, dass er endlich weiterfahren sollte. Verständlich. Weber machte sich auf den Heimweg. Er würde öfter nach ihr sehen.

KAPITEL FÜNFZEHN

Diese Prostituierte war abstoßend. Dennoch wollte ich mich auf solche Frauen spezialisieren. Sie waren verlassene Geschöpfe, bei denen ein böser Wolf leichtes Spiel hat. Ihre Verzweiflung und ihre Einsamkeit waren meine Eintrittskarten in ihr Leben. Besser gesagt, zu ihren Haaren und zu ihrem Tod.

Bevor ich am nächsten Morgen früh meine erste Lastwagenfahrt nach Barcelona beginnen konnte, musste ich mich an diesem Tag von Christa verabschieden. Christa war eine von diesen herzensguten Frauen mit ausgeprägtem Helfersyndrom. Wir hatten uns in einem schäbigen Lokal kennengelernt. Sie war einsam, und ich spielte das Spiel mit, hörte ihr zu. Noch am selben Abend landeten wir in ihrem Bett und seitdem besuchte ich sie beinahe jeden Tag. Ich ließ mir Essen kochen und die Wäsche waschen, wir sahen zusammen fern oder ich hörte mir an, was sie zu erzählen hatte. Mit Christa funktionierte sogar normaler Sex. Dennoch onanierte ich mehrmals am Tag, denn mein Verlangen war wie ein unbezwingbarer Dämon.

Christa hatte ein schönes großes Einfamilienhaus im Grünen und wollte, dass ich bei ihr einziehe. Aber das würde nicht geschehen. Genauso wenig wie sie jemals meine Wohnung zu sehen bekommen sollte. Die düsteren Ecken meiner Seele blieben vor ihr verborgen. Ich hatte meine Reisetasche gepackt und machte mich auf den Weg zu ihr.

Als ich die Haustür zu Christas Haus aufschloss, kam sie freudig erregt auf mich zu. »Torsten, wie schön, Liebling«, sagte sie, umarmte mich und nahm mir die Jacke ab. Ich konnte die Geilheit von ihren Augen ablesen, aber sie wartete immer, dass ich den ersten Schritt machte. »Bleibst du über Nacht?«

»Jaja«, antwortete ich knapp. So umsorgt zu werden war fantastisch. Manchmal wurde es mir aber zu eng, das gab ich dann wortlos zu verstehen, was Christas feinem Gespür nie entging. Sie war eine dieser seltenen Frauen, die von dem unstillbaren Bedürfnis erfüllt sind, helfen zu müssen. Sie verdiente jemanden, der es aufrichtig mit ihr meinte. Doch ich hatte nicht vor, ihre guten Absichten zu erwidern.

»Soll ich uns eine Kleinigkeit zu Essen bereiten?«, fragte sie mit einem Lächeln. Ich ahnte, dass sie ein Festmahl dabei im Kopf hatte.

»Mhm«, erwiderte ich zustimmend. Mein Verlangen nach Normalität war in diesem Augenblick getrübt, denn ich konnte plötzlich den Gestank der Nutte an mir spüren. Ich verschwand im Badezimmer, um mich zu reinigen, denn ich durfte nicht zulassen, dass Christa meine dunkle Seite entdeckte. Ich musste sie sonst töten. Dieser Zwiespalt zwischen meiner Fassade und meinem wahren Ich war belastend.

Am nächsten Morgen war ich früh wach und fühlte mich wie gerädert. Eigentlich sollte ich ausschlafen, denn ich hatte eine lange Fahrt mit dem neuen Lastwagen vor mir. Doch stattdessen hatte ich am Abend zuvor lange wach gelegen. Mein Geist war von Gedanken an die Prostituierte geplagt und von den Scheinwerfern im Rückspiegel, als ich mit ihr über die dunkle Landstraße gefahren war. Außerdem war ich aufgeregt, wegen meines neuen Jobs und der vor mir liegenden Abenteuer. Barcelona – ich konnte es kaum erwarten, die erste Prostituierte in die Fahrerkabine zu holen. Immer wieder gingen mir die Szenen, wie ich es anstellen würde, durch den Kopf. Ich würde sie kaltmachen und danach könnte ich mit ihr anstellen, was ich wollte.

Am Frühstückstisch mit Christa versuchte ich, die Gedanken an die böse Seite meines Lebens zu vertreiben. Es war seltsam, wie normal diese Situation erschien. Mein neues Leben hatte seine Vorzüge, zumindest oberflächlich betrachtet. Wir lebten, wie ein Ehepaar zusammen, Christa quengelte nie mit irgendwelchen Fragen und ich genoss es, in der gepflegten Umgebung ihres Hauses verwöhnt zu werden.

Schließlich war es an der Zeit, dass ich startete. Im Flur umarmte sie mich liebevoll und drückte mir eine Tasche in die Hand. »Was ist das?«, fragte ich.

»Ich habe dir ein wenig Proviant zurechtgemacht. Eine Thermoskanne mit Kaffee ist auch dabei. Du brauchst doch deinen Kaffee.« Die Tasche war offensichtlich neu, Ledergeruch ging von ihr aus. Ein teures Stück. Christa küsste mich und streichelte meine Wange. Diese Fülle an Zuwendung ließ mich erstarren. Ich erwiderte den Kuss, bedankte mich knapp. Es war an der Zeit, ihr zu geben, wonach sie in Wahrheit verlangte. Ich stellte die Tasche auf den Boden. Indem ich mich aufrichtete, schob ich mit beiden Händen ihren Rock hoch und ließ meine Hände über ihre Arschbacken gleiten. Obwohl Christa nicht sonderlich sexy war, wurde mein Schwanz schnell steif. Ich ging in die Hocke, zerrte dabei ihren Slip herunter. Vor meinen Augen war ihr Busch, frischer Seifengeruch kam mir entgegen. Sie spreizte ihre Beine im Stehen leicht, ich schob meine Zunge heran und bearbeitete ihren Kitzler. Das liebte sie. Nach ihrem ersten schnellen Orgasmus erhob ich mich, drehte sie mit dem Rücken zu mir und drückte sie sanft vornüber, sodass sie sich mir entgegenstreckte. Ich berührte mit den Fingern ihre nasse Möse, sie stöhnte lustvoll. Dann ging ich mit meinem steifen Schwanz an ihren Eingang, drückte nur leicht und war sofort in ihr. Ihr Stöhnen wurde lauter. Mit jedem Fickstoß wurde ich schneller und härter und Christa stöhnte lauter und lauter. Ich hätte spritzen können, hielt es aber ihr zuliebe zurück, bis ihr nächster Orgasmus kam. Dann entlud ich meinen Saft in ihr. Unsere Bewegungen wurden langsamer, mein Schwanz blieb hart. Das spürte Christa und bewegte sich bald wieder schneller. Der zweite Fick dauerte einige Minuten länger. Danach zog ich mein Ding aus ihr heraus und gab ihr einen Klaps auf die Pobacke. Sie wendete sich mir zu, ihr Rock rutschte zurück in die richtige Position. Ihr Blick war verklärt, vielleicht verliebt. »Ich werde dich vermissen«, hauchte sie und küsste mich.

Ich gab ihr erneut einen Klaps und zog meine Hose hoch. »Ich bin ja bald zurück.« Dann verließ ich das Haus. Christa winkte mir noch lange hinterher, wie ich im Rückspiegel sah. Als ich in die nächste Straße einbog, atmete ich erleichtert durch. Auf seltsame Weise fuhr ich der Freiheit entgegen, freute mich aber zugleich, bald wieder zu Christa zurückzukehren.

Ich lag gut in der Zeit, weshalb ich die Fahrt zur Spedition langsam anging und meine gute Laune genoss. Doch als ich meinen neuen Arbeitgeber traf, wurde meine Stimmung getrübt. Der Boss war ein echter Stinkstiefel, sein Blick kalt und misstrauisch. Die Anspannung in der Luft war greifbar, und ich wusste, dass dieser Job nicht leicht werden würde. »Krause!«, blaffte er meinen Namen und reichte mir eine Fahrermappe. Sein Tonfall erinnerte mich an die Zeit in Bautzen. Ich schluckte schwer. »Die Ladepapiere.« Herr Krohn, der Boss, wandte sich von mir ab. Wir hatten uns zuvor nur einmal zu einem Einstellungsgespräch gesehen. Ich las auf meiner Fahrermappe das Kennzeichen meines Wagens und war gespannt, welches Fahrzeug mich erwartete. Da stand er. Ein orangefarbener Sattelschlepper, ziemlich alt mit rostigen Stellen, aber meiner. Ich schloss die Tür auf und stieg empor in das Fahrerhaus. Es roch abgenutzt und nach Zigarettenrauch in der Kabine. Gute Laune überkam mich dennoch. Spaniens Nutten warteten auf mich.

Endlich ging es los. Nach wenigen Kilometern durch Hof befand ich mich auf der Autobahn. Ich plante, über die A9 Richtung Süden zu fahren. Wenn ich es schaffte, würde ich bis nach Frankreich fahren. Aber das sollte sich ergeben.

Der Lastwagen, den ich fuhr, war eine Schrottkiste. Der Fußraum war undicht, und es zog kalt herein. Doch ich fuhr in ein neues Leben.

Das Lastwagenfahren war anstrengend, es ging nur langsam voran. Die Straßen erstreckten sich endlos vor mir, und die Müdigkeit kroch in meine Knochen. Der Kaffee aus Christas Thermoskanne tat gut, obwohl er inzwischen lauwarm war. Ich gönnte mir ein kurzes Nickerchen, den Blick an die hohe Decke der Fahrerkabine gerichtet. Genügend Platz, für das, was mir vorschwebte. Schnell kamen meine Fantasien in Fahrt. Ich onanierte bei dem Gedanken an die Frauen, die ich in dieser Fahrerkabine noch besitzen würde.

. . .

Schließlich erreichte ich Barcelona, ein ungewohnter Anblick. Ich musste einen Rastplatz suchen, die Landkarte studieren und den Weg zur Ladestation finden. Das letzte Stück dorthin war ein erneuter Kampf gegen die Müdigkeit. Das Gefühl, wieder unterwegs zu sein, auf der Straße, alleine mit meinen Gedanken und meiner dunklen Begierde, war wie ein Rausch.

Die Ladung wurde aufgenommen, und der Rückweg begann. Doch vor der langen Rückfahrt musste ich übernachten. Ich fuhr umher, suchte nach einem geeigneten Platz, an dem ich meinen Lastwagen abstellen und kampieren konnte. Die Müdigkeit schien plötzlich von mir abzufallen, als ich kurz hinter Barcelona Frauen am Rande der Landstraße stehen sah. Sie bildeten ein absurdes Spalier der Verlockung, ein Bild der Einladung, das mich an mein Verlangen erinnerte. Endlich war der Zeitpunkt gekommen, den ich so herbeigesehnt hatte. So viele Frauen, die freiwillig zu mir in den Lastwagen steigen würden. Ich achtete im Vorbeifahren nur auf die Haare, alles andere war ohne Belang.

Neben einer Frau mit langer blonder Behaarung stoppte ich. Ihre Mähne wehte im seichten Wind der Nacht, sodass dieses Geschöpf sich immerfort gegen die Brise wandte und sich die scheinbar schwerelosen Strähnen mit den Fingern aus dem Gesicht zog. Als sie die Beifahrertür öffnete und zu mir in das Führerhaus kletterte, war ich wegen des Anblicks ihrer Haare bereits so erregt, dass ich es kaum noch abwarten konnte. Sie setzte sich und redete sofort in gebrochenem Englisch. Ich verstand kein Wort, nahm aber an, dass es darum ging, was sie anzubieten hatte und was ich dafür erwarten durfte. Eine dazugehörige Phase unseres Handels. In der Brusttasche meines Hemdes steckten mehrere Fünfziger, zusammengefaltet, die ich nun zückte. Ich teilte das Bündel in zwei Hälften, eine reichte ich ihr, die zweite hielt ich in die Luft, zeigte mit einem Finger abwechselnd darauf und auf sie. Dann steckte ich die zweite Hälfte zurück in meine Brusttasche. »Das bekommst du, wenn du tust, was mir gefällt.«

»Okay«, sagte sie, steckte die Scheine ein und gab sogleich Handzeichen, in welche Richtung ich fahren sollte. Ich fuhr los. »Du verstehst kein Wort Deutsch, richtig?«, fragte ich.

Sie hob die Schultern. »Sorry.«

Ich lächelte sie an. »Das wollte ich nur hören, du Drecksfotze mit den schönen Haaren.« Die Frau lächelte zurück. Wild fuchtelnd deutete sie an, dass ich einen Parkplatz befahren sollte. Sofort erkannte ich, dass der Parkplatz mit Autos überfüllt war und fuhr daran vorbei. Sie spannte ihren Körper, deutete nochmals auf die Einfahrt zu dem Parkplatz. Aber es war zu spät, ich war daran vorbeigefahren. Abermals lächelte ich sie freundlich an und deutete auf die Fahrbahn vor uns. »Für das, was wir beide vorhaben, müssen wir allein sein«, sagte ich, ohne zu erwarten, dass sie meine Worte verstehen würde. Doch es schien, als hätte sie verstanden, denn sie nickte und ihr Blick wurde ängstlich. »Hast du eine Ahnung, was dich erwartet?«

»Lo siento, no te entiendo.«

Ich lachte ausgelassen, was sie augenscheinlich erleichtert aufnahm. »Du verstehst kein Wort von dem, was ich sage, und ich verstehe keine Silbe von deinem Gequatsche.« Die Frau lächelte gequält. Dieses verkommene Wesen mit den Haaren eines Engels war meinem verlockenden Versprechen gefolgt. Der erste Teil meiner Strategie hatte vorzüglich funktioniert. Es war an der Zeit, einen geeigneten Platz zu finden.

Die Straße dehnte sich vor uns aus, die Lichter der Stadt verschwanden im Rückspiegel, und die Dunkelheit der Nacht umgab uns wie eine schützende Hülle. Wir fuhren weiter, ohne ein Wort zu wechseln, und ich konnte die Aufregung in der Luft spüren. Sie saß still neben mir, ihre Augen leuchteten im schwachen Licht des Fahrerhauses, und der

Schimmer ihrer langen blonden Haare umhüllte sie wie ein Schleier.

Ihre Ungeduld nahm spürbar zu. Ich musste schnellstmöglich einen abgelegenen Platz finden, denn ich befürchtete, sie würde ansonsten in Hysterie aus dem fahrenden Lastwagen springen. Zum Glück tauchte vor uns ein breiter Landwirtschaftsweg auf, der sich in den Wald zog. Wir waren weit weg von neugierigen Augen. »Da!«, rief ich ihr zu und lächelte gespielt. Die Frau rollte genervt mit den Augen und deutete auf die Armbanduhr an ihrem dünnen Handgelenk. Ich machte mit der Hand eine besänftigende Geste, nahm die zweite Hälfte der Geldscheine, reichte sie ihr und zwinkerte. »Okay?«

»Okay.« Sie stopfte auch diese Scheine in ihren BH. Der Lastwagen rumpelte entsetzlich, als ich zu schnell den Weg entlangfuhr. Ich hatte keine Ahnung, wohin der führte und fragte mich, wie ich den jemals wieder zurückfahren konnte. Aus diesem Grund hielt ich an. Die hydraulischen Bremsen zischten laut. Ich stellte den Motor aus. Eine Gier nach Macht überkam mich, Macht über dieses Mädchen. Ein Blick in den Außenspiegel. Die Dunkelheit war unsere einzige Zeugin. Und dort, abseits der Straße, inmitten der Stille der Nacht, sollte sich der jahrelang von mir gehegte Traum erfüllen. Alle Demütigungen, die ich in Bautzen erlitten hatte, würden von nun an getilgt. Und die erste Rate dieser Schuld würde diese spanische Nutte bezahlen.

Sie hatte ihren Slip ausgezogen und bewegte sich zielbewusst in meine Richtung. Mit gelangweilter Miene stellte sie sich breitbeinig vor mich – ein erbärmliches Stakkato. Die Frau wollte sich auf mich setzen, um den Job endlich hinter sich zu bringen, doch ich war schneller. Erfüllt von innerer Wut schlug ich mit der Faust in ihr Gesicht. Überraschend schnell hob sie die Arme schützend vor sich und wehrte sich, indem sie um sich schlug und laut schrie. Ihre Stimme erreichte schreckliche Frequenzen. Hass kam in mir auf. Aggressiv schlug ich auf sie ein, nochmals, nochmals, nochmals. Ich traf ihre Nase, ihr Auge, wieder ihre Nase. Wir kämpften minutenlang, was mir in gewisser Weise gefiel. Doch ihre Gegenwehr ließ schnell nach und sie flennte erbärmlich. Ihr Anblick widerte mich an. Ich hasste Schwäche. Ich versetzte ihr schwere Treffer ins Gesicht. Ich schlug und schlug, wie besessen, so lange, bis sie reglos im Fußraum meines Führerhauses lag, wie ein Bündel Lumpen. Ich brauchte einige Minuten, um wieder zu Atem zu kommen. Das Fahrerhaus meines Lastwagens war erfüllt von verschwitzter Wärme und verbrauchtem Sauerstoff. Die Scheiben waren beschlagen. Als mein Atem sich wieder normalisiert hatte, schaute ich auf die Nutte zu meinen Füßen. Ihre toten Augen glotzten an mir vorbei zum Schlafplatz hinter mir. Ein Blick in den großen Seitenspiegel – auf diesem Waldweg würde uns niemand stören. Dann schlussfolgerte ich drei Dinge: Erstens, Auslandstouren waren ein Segen. Zweitens, Nutten waren ein Segen. Drittens, mein Plan hatte eine entsetzliche Lücke. Ich hatte diese Frau zwar kaltgemacht, so, wie ich es vorgesehen hatte, und ich konnte nun mit ihr machen, was ich wollte, so lange ich wollte. Aber das würde mir nicht genügen. Es war zu profan, zu wenig erregend. Ich musste es zelebrieren. Ich konnte es vor mir sehen, wie sie aufgehängt über mir baumelte und ich unter ihr liegend alles an ihr genau ansehen konnte. Ich wollte zwischen ihre gespreizten Beine schauen. Ihr Kopf sollte nach vorn gekippt ruhen und ihre Haare – das war der eigentliche Kick – sollten frei in der Luft schweben.

So hatte es sich in meinem Kopf festgesetzt und kein anderes Szenario würde mich befriedigen. Aber nun war es anders gekommen und sie hing nicht über mir, sondern kauerte blutüberströmt zu meinen Füßen. Wutentbrannt ergriff ich ihre Arme, um sie aus dieser unseligen Position zu zerren, was sich jedoch als unerwartet schwierig herausstellte. Der leblose Körper der Frau entglitt meinen Griffen immer wieder, sodass ich zahllose Male nachfassen musste. Sie aus dieser unglücklichen Position zu hieven kostete so viel Anstrengung, dass ich bald wieder schweißüberströmt und außer Atem war. Endlich gelang es mir, sie auf den Beifahrersitz zu legen. Ihre Vorderseite war zum Fahrzeughimmel gerichtet, ihr Kopf hing vor der Beifahrertür, ihre Beine lagen verrenkt in meine Richtung, Richtung Fahrersitz. Mit der Rückhand wischte ich mir den Schweiß von der Stirn und gaffte die Nutte an. Ihr Unterleib lag frei und prangte mir entgegen. Von ihrem Kopf konnte ich kaum etwas erkennen. Ich erhob mich, beugte mich über sie und brachte den Kopf so in Position, dass ich ihre schönen blonden Haare zu beiden Seiten hervorziehen konnte. Ich strich die Haarsträhnen sorgfältig glatt, legte sie über die Brust der Frau und erhob mich wieder. Etwas störte mich. Ihr Unterleib war zwar nackt, aber sie hatte ihre Bluse anbehalten. Das passte nicht zusammen.

Als ich ihr die Bluse ausgezogen hatte und ihre wunderschönen Haarsträhnen über ihren nackten Körper drapierte, erregte mich der Anblick so sehr, dass ich nicht anders konnte, als meine Hose herunterzuziehen und mich ihr mit meiner Erregung zu nähern. Ich zitterte vor Geilheit, glitt mit meinem Glied immer wieder über ihre Haare, ihre Brüste und bekam nach Sekunden einen Erguss.

Plötzlich schlug sie die Augen auf! Schockiert vor Entsetzen schrie ich auf und machte einen Satz zurück. Augenblicklich erschlaffte mein Glied und meine Erregtheit war wie fortgeblasen. Ich kauerte auf dem Fahrersitz, mein Unterleib peinlich entblößt. Sie hielt sich mit letzter Kraft auf dem Beifahrersitz, mein Ejakulat auf ihren Haaren verschmiert. Die Frau bewegte sich benommen, sah mich zittrig an. Ihr Gesicht war fürchterlich geschwollen, sodass ich sie kaum wiedererkannte. Sie brachte leise gekrächzte Worte in ihrer Sprache hervor und streckte ihre Hand nach mir aus. »Help me«, brachte sie dann flehend hervor. Panik überkam mich, denn ich hatte fest damit gerechnet, dass sie tot ist. Was sollte ich tun? Kurz überlegte ich, sie zu einem Krankenhaus zu fahren. Ich konnte sie dort absetzen und ihr wurde geholfen.

Gebrechlich wischte sie sich über ihre Augen, brachte sich dann in eine aufrechte Position. Ihr Atem rasselte geräuschvoll, ihr Blick – nun klarer – traf mich hasserfüllt. Die Frau würde mich wiedererkennen und sie würde mich verraten! Ich suchte mit meinen Blicken hektisch nach einem Messer oder einem anderen Gegenstand, mit dem ich sie endgültig kaltmachen konnte. Unbändige Wut stieg in mir auf, eine Zeugin meiner geheimen Begierden und ich mit entblößtem Gemächt, das sie immer wieder verächtlich ansah. »Du verdammte Nutte! Du versaust mir alles.« Ich ballte meine Fäuste. Sie hielt ihre Arme schützend vor sich und verzog ihr ohnehin entstelltes Gesicht zu einer heulenden Fratze. Mit einem Satz war ich bei ihr und stieß sie grob, sodass sie wieder rücklings auf dem Beifahrersitz lag. Sie war beinahe ohne Gegenwehr. In diesem Bewusstsein kniete ich mich über sie, ergriff eine ihrer sauberen Haarsträhnen und fuhr damit über mein Glied. Genießerisch sah ich an mir entlang, genoss den Anblick dieser wehrlosen Frau unter mir und presste ihre Haare mit zitternder Hand fester um meinen Schwanz, rieb mich. Sie weinte schluchzend, was meine Erregung weiter ankurbelte. Ich onanierte entfesselt, spritzte kurz darauf in ihr Gesicht und an ihr vorbei. Stöhnend erhob ich mich, die Nutte blieb so liegen, regte sich nicht, schluchzte nur. Ein letzter Blick auf ihre Haare, auf ihre Titten, dann öffnete ich die Fahrertür und sprang aus dem Lastwagen. Ein schneller Blick, die Einsamkeit war mein Verbündeter. Ich rannte zur Beifahrertür, riss sie auf. Die

Nutte hatte sich inzwischen aufgerichtet und versuchte, wackelig zur Fahrerseite zu flüchten. Mit einem schnellen Satz war ich bei ihr, zerrte sie an ihrem Bein zurück auf den Beifahrersitz. Ihren Fuß behielt ich fest in der Hand. Als ich die Stufen des Lastwagens heruntersprang, ruckte ihr dürrer Körper mir hinterher und schlug auf den Waldboden auf. Sie heulte nicht mehr, stieß nur ein gequältes Stöhnen aus, versuchte, sich aufzurichten. Doch ich zog sie mit erbarmungslosem Griff hinter mir her. Der Lkw hatte außen eine Stahlkiste angebracht, in der sich Werkzeug befand. Was nun kam, war ohnehin etwas für den Außenbereich und nicht für die Fahrerkabine. Immer wieder brabbelte sie flehend in ihrer Sprache, was ich ignorierte, stattdessen die Werkzeugkiste öffnete. Ich spürte, dass sie sich aus meinem Griff befreien wollte, doch ich war stärker. Als ich endlich den Spaten in der anderen Hand hielt, marschierte ich los. Der Spaten war leicht, die dürre Nutte war schwerer und wehrte sich. Beides zerrte ich mit eiligen Schritten ins Dickicht. Ansatzlos ließ ich ihr Bein los, packte den Griff des Spatens mit beiden Händen und holte aus. Doch sie entwickelte unerklärliche Kräfte, wandte sich um, erhob sich und flüchtete. Ich wetzte nach, sie stolperte vor mir her, stützte sich immer wieder mit den Händen am Boden ab. Ich ließ den Abstand größer werden, holte dann wieder auf und empfand erregende Freude daran, dass ihr Fluchtversuch hoffnungslos zum Scheitern verurteilt war. Nackt, wie ich war, huschte ich urplötzlich hinter einen Baum, verhielt mich still und beobachtete sie. Ungläubig verharrte sie geduckt. Ihr Körper pulsierte unter ihren Atemstößen, ihr Blick suchte mich. »Hola?«, rief sie vorsichtig. Ich blieb still, beobachtete, ließ meine Erregung anschwellen und ein zufriedenes Lächeln über mein Gesicht ziehen.

»Hola?«, wiederholte sie, etwas lauter. Abermals blieb ich still, eine geheime Mission, deren offensichtlicher Ausgang ungekannte Freude in mir hervorrief. Dann reckte sie den Hals, spähte zurück, Richtung Lastwagen und schlich in die andere Richtung. Ich folgte ihr, mucksmäuschenstill, nackt, mein Glied im Wind der spanischen Sommernacht wiegend, das ich immer wieder rieb. Ich achtete darauf, Äste zu umgehen, und beobachtete sie unentwegt. Unser spontanes Spiel bereitete mir ein großes Vergnügen. Doch ich musste daran denken, auch noch zu schlafen, bevor ich die lange Rückreise antreten konnte. Somit bereitete ich die Auflösung unseres Spiels vor, indem ich unbemerkt vorausschlich und sie erwartete. Nichts ahnend kam sie bald auf mich zu, ihr Blick immer wieder suchend. Ich umklammerte den Griff des Spatens, behielt sie im Fadenkreuz. Die Frau kam näher. Nackt, ihr Gesicht hoffnungsvoll in dem Glauben, entkommen zu sein. Auch sie wollte mich mit ihren Haaren locken, nur, um mich dann in den Knast zu bringen. Mit einem großen Schritt war ich direkt vor ihr. Zeitgleich zu ihrem entsetzten Blick, schlug die Kante des Spatens in ihre Stirn und steckte im Schädel fest. Ich hielt den Stiel, sie starrte ins Nichts, sackte dann langsam auf die Knie und klappte schlaff in sich zusammen. Mein Spaten klemmte noch immer in ihrem Schädel und verdrehte mit seinem Gewicht ihren Kopf zur Seite. Ich sah auf sie herab. Sie war nackt. Ich war nackt. Flink spreizte ich ihre Beine, legte mich dazwischen und verging mich an ihr. Meine Macht war vollkommen. Ich hatte sie besiegt. Eine weniger!

Feierlich hob ich sie in die Grube, die ich ausgehoben hatte, und sah nachdenklich auf sie herab. Ich hatte keine Schere dabei. Zurück zum Lastwagen und nochmals an diese Stelle kommen wollte ich nicht. Also griff ich nach einer Haarsträhne ihres Hinterkopfes (die seitlichen Haare waren mit Blut und Sperma verschmiert), zog sie sorgfältig lang und legte sie über den Boden. Dann griff ich meinen Spaten. Kraftvoll holte ich aus und stach mit dem Blatt des Spatens quer zu dem Verlauf der Haare auf die Strähne. Der Spaten rammte die Haare einige Zentimeter weit in den Boden und der Kopf der Nutte machte dadurch einen Ruck. Ihr Kinn zog sich in einer absurden Bewegung an ihre Brust. Ich beugte mich hinunter, griff nach den Haaren. Einige waren durchtrennt. Die meisten aber nicht. Dieses Weib kostete Nerven! Nochmals zog ich die Strähne glatt am Boden entlang, holte abermals mit dem Spaten aus und stieß mit noch mehr Kraft zu. Neugierig hob ich die Haare auf. Der größte Teil war abgetrennt. Ich gab mich damit zufrieden, hob mein Andenken aus der Grube heraus und stieg ebenfalls aus dem Grab. Eilig schaufelte ich es zu, nahm den Spaten und die Haarsträhne und eilte zurück zum Lastwagen. Inzwischen fühlte ich mich nicht mehr so wagemutig. Die Angst überkam mich, dass ich auf einen anderen Menschen treffen könnte. Das geschah zum Glück nicht. Aber es blieb die beschämende Erkenntnis, dass ich nackt einen Spaten und eine Haarsträhne durch ein Waldstück in Spanien trug.

Die Türen des Lastwagens standen offen. Ich warf die Beifahrertür zu, ging um das Führerhaus herum und stieg ein. Drinnen zog ich meine Kleidung an. Die Sachen der Nutte lagen auf der Beifahrerseite verstreut. Ich hob alles auf den Sitz. Die Bluse sortierte ich aus. Ich beschloss, sie auf dem Heimweg zu entsorgen. Den Slip würde ich zusammen mit der Haarsträhne mitnehmen. Den Rock hielt ich nachdenklich hoch. Ein Minirock aus Stretchstoff. Langsam führte ich ihn vor mein Gesicht. Der Duft dieser Frau kam mir in allen Facetten entgegen. Ich würde auch ihn mitnehmen. Die Dinge verstaute ich in einem unauffälligen Fach unter dem Schlafplatz, setzte mich ans Steuer und startete den schweren Dieselmotor. Langsam setzte ich den Sattelschlepper den dunklen Weg entlang zurück, rangierte ihn vorsichtig auf die Straße und legte dann den Vorwärtsgang ein.

Ich war allein in der Nacht, ein König mit reicher Beute und einem Plan, wie seine Schatzkammer bald gefüllt werden würde. In meinem tiefsten Inneren wusste ich, dass dieser Akt der Finsternis nur ein kleiner Vorgeschmack auf das Grauen war, das noch bevorstand.

KAPITEL SECHZEHN

Kriminaloberkommissar Dirk Weber schloss erschöpft die Tür zu seiner Wohnung hinter sich, ließ seine Reisetasche im Flur fallen und ging schlapp weiter. Im Wohnzimmer sank er auf die Couch und starrte an die Decke. Dieser ganze Aufwand ohne jedes Ergebnis! Er war völlig umsonst nach Hof gefahren, hatte Ute vor den Kopf gestoßen und was seine Ermittlungen anbelangte, drehte er sich im Kreis. Waren es wirklich noch Ermittlungen? Die anderen hatten offensichtlich recht, er hatte die Verfolgung Krauses längst zu seiner persönlichen Obsession gemacht. Weber stellte sich ans Fenster und starrte auf die Straße. Seine Gedanken kreisten. Krauses Abtauchen konnte mehrere Ursachen haben. Er konnte krank sein, verreist, untergetaucht, tot – es gab tausend Möglichkeiten. So oder so konnte Weber ›riechen‹, dass etwas im Busch war.

Seinen sogenannten Kurzurlaub hatte er nur genommen, um seinen besessenen Drang nach Informationen über den Verdächtigen Krause zu stillen. Dieser Fall hatte ihn fest im Griff und trieb ihn an den Rand der Vernachlässigung anderer Aspekte seines Lebens. Er wischte alle Gedanken beiseite, putzte im Badezimmer seine Zähne und fiel völlig übermüdet und vollständig bekleidet ins Bett. Dann schloss er die Augen und schlief kurz darauf ein.

Morgens fühlte er sich kaum besser als am Abend zuvor. Nichtsdestotrotz ging er ins Büro, ohne zu ahnen, was ihn an diesem Tag erwarten würde. Alles war zunächst wie immer. Kollege Jens Lehmann war bereits in seinen Bildschirm vertieft, niemand sonst war so früh schon im Büro. Weber ging in die Kaffeeküche, um die Kaffeemaschine in Betrieb zu nehmen. Da er lange vor Dienstbeginn im Büro war, blieb er in der Küche stehen und beobachtete die zischende und dampfende Maschine in gieriger Erwartung auf einen starken aufmunternden Kaffee.

Nach dem dritten Becher fühlte er sich kein Stück besser und hatte überhaupt keine Motivation, seine Arbeit zu beginnen. Auf seinem Tisch lagen die alten Fälle, die durchgearbeitet werden mussten. Es galt, herauszufinden, ob mehr dahintersteckte. Eine Schlägerei, eine häusliche Gewalt und drei Alte, die tot in ihren Wohnungen aufgefunden wurden. Alles alltägliche Dinge. Krause war da ein anderes Kaliber. Aber mit dieser Meinung stand Weber allein da. Seine neuen Vorgesetzten sahen ihn ohnehin mit skeptischen Augen – dank seines ehemaligen Schwiegervaters, Ex-Generalmajor Norbert Roth. Und die jüngeren Kollegen unterstellten ihm einen Verfolgungswahn, ausgelöst durch sein Leben in der ehemaligen DDR. Die Zeit, sich darüber aufzuregen, hatte Weber längst hinter sich gelassen. Er nahm es hin, wie es war. Sogar eine Abmahnung hatte er bereits wegen seiner exzessiven Recherchen in diesem einen Fall *Krause* erhalten.

Sein Telefon klingelte, die 21 erschien im Display. »Ute«, stieß er ungewohnt aufgebracht hervor und griff zum Hörer. »Hallo Ute ...« So lange hatte er überlegt, was er sagen würde. Nun fehlten ihm die Worte.

»Du bist zurück«, stellte Ute fest. Utes Herz krampfte, wie

man ihrer flatternden Stimme entnehmen konnte. Beide schwiegen.

»Ja«, antwortete er und räusperte sich.

»Geht es dir gut?«, wollte sie wissen.

»Ja, danke. Und du? Wie geht es dir?«

»Geht so.«

Sie schwiegen. Weber brannte es auf den Nägeln, Ute und ihren schlauen Computer für neue Recherchen einzuspannen. Er hielt sich geradeso zurück.

»Bist du in deinem Fall weitergekommen?«

Die Frage klang wie eine Einladung. Doch Weber blieb wachsam, er wollte es sich mit Ute keinesfalls verderben. Diese wunderbare Frau, die er als Einzige auf der Welt um ihre Hand anhalten würde – wenn die Zeit dafür da war. »Du weißt ja, wie so was ist. Einen Schritt vorwärts, einen zurück.«

Sie schwiegen abermals. Er sah sie vor seinem inneren Auge, wie gern würde er sie in den Arm nehmen. Und noch lieber würde er heute nach Feierabend zu ihr gehen und die ganze Nacht hindurch mit ihr Liebe feiern.

»Na gut. Ich muss dann mal weitermachen, Dirk. Ich wollte nur mal hören, wie es dir geht. Bis dann.« Ute hatte den Hörer krachend aufgelegt. Deprimiert ließ Weber den Hörer auf die Gabel sinken. Sie musste mit Recht stinksauer sein. Weber fühlte sich erbärmlich. Er hatte Ute vernachlässigt und ausgenutzt, um an Informationen zu gelangen. Ute hatte Weber ja schon mehrmals mit diesem Vorwurf konfrontiert. Aber Weber war jedes Mal darüber hinweggegangen. Er war der stärkere Charakter von beiden, hatte ihre Argumente wiederholt vom Tisch gewischt und war dann zur Tagesordnung übergegangen. Seine Verbissenheit im Fall Krause schadete ihm immer mehr. Es schien, als drehte sich sein ganzes Leben nur noch um diesen einen Verdächtigen. Aber Weber konnte nicht aus seiner Haut. Ute, die normalerweise eine verständnisvolle und humorvolle Seele war, hatte ihm bereits ein Ultimatum gestellt: Er sollte normal werden und seine Besessenheit aufgeben, oder die Beziehung hätte keine Zukunft.

Es hatte jedoch im Augenblick keinen Sinn, mit ihr zu reden, denn er war mit seinen Gedanken unablässig bei Krause. Es würde nur Streit geben, Ute würde weinen und er würde sich selbst dafür hassen. Das fällige Gespräch mit Ute war einfach noch nicht an der Reihe. Er musste jetzt erst einmal überlegen, wie er weitermachen konnte. Krause war wie vom Erdboden verschwunden, und Weber steckte in Schwierigkeiten. Weber hatte längst alle seine Freiräume ausgereizt. Wenn er weiterkommen wollte, musste er Ute um Hilfe bitten. Sie war die Einzige, auf die er noch zählen konnte und als Kriminaltechnikerin hatte sie Zugang zu Informationen, die Weber benötigte. Er war auf Ute angewiesen.

Weber nahm all seinen Mut zusammen und ging in das Kellergeschoss. Als er vor dem Eingang zu Utes Labor stand, schwebte seine zum Anklopfen geballte Hand zögernd in der Luft. Er durfte dieses Mal nicht mit der Tür ins Haus fallen. In Gedanken suchte er noch nach den richtigen Worten, als plötzlich die Tür vor seiner Nase aufgerissen wurde und Ute erschrocken vor ihm stehen blieb. »Dirk«, stieß sie hervor und verzog eine grimmige Miene. »Du wolltest zu mir?« Doch sofort lächelte sie wieder. »Komm rein.« Sie schnappte seine Hand und zog ihn in ihr Labor.

»Warte«, sagte Dirk, hielt sie an der Hand zurück und zog sie sanft zu sich. Sie sahen sich in die Augen. Was für ein Schatz Ute war. Sie strahlte ihn mit wässrigem Blick glücklich an. »Ich bin ein Arsch, es tut mir entsetzlich leid.« Dann küsste er sie. Sie umarmten sich dabei innig. »Ich werde mich ändern, Ute. Ich weiß, dass ich meine Verbissenheit ablegen muss, sonst mache ich dich unglücklich und zerstöre mein eigenes Leben.«

»Setzen wir uns«, sagte Ute und nahm an einem weißen Tisch Platz, Dirk setzte sich ihr gegenüber. Sie sah ihn beklommen an. »Wirst du das denn hinbekommen?«

»Ja! Ich verspreche es dir, Ute. Ich meine es ernst.« Dirk erhob sich, ging umher, während er mit den Händen in der Luft fuchtelte. »Ich denke, es deutet doch alles darauf hin, dass ich mich verrannt habe. Obwohl ich es noch immer nicht glauben kann, scheint Krause ein unbescholtenes Leben zu führen.« Er hob die Schultern und sah Ute mit Bettelblick an.

Ute regte sich unbehaglich. »Das hört sich gut an.«

Dirk setzte sich flink wieder, beugte sich vor. »Das hört sich gut an? Soll das heißen, dass du mir nicht glaubst?«

»Es geht doch nicht darum, was ich glaube, Dirk. Es geht darum, dass du wirklich davon überzeugt sein musst, bevor du Versprechen abgibst, sonst hat es keinen Sinn.«

»Aber ich verstehe nicht, worauf du hinaus willst. Ich sage doch ...«

Ute griff über den Tisch nach seinen Händen. »Selbst wenn du der einzige Mensch auf der Welt bist, der diesen Krause für gemeingefährlich hält. Was ist, wenn du recht behältst? Was, wenn du dich aber mir zuliebe zurücknimmst und er dann Verbrechen begeht? Ich will dann auf keinen Fall schuld daran sein und mir vorwerfen müssen, dass ich dich davon abgehalten habe, ihn zu fangen.« Ute lehnte sich zurück, eiferte aber sofort weiter. »Du hast mir erzählt, dass Krause in der damaligen DDR ins Gefängnis kam, weil er zwei Frauen vergewaltigt und sie danach beinahe totgeschlagen hatte. Die Frauen – so erzähltest du – hatten ihr Überleben nur dem Umstand zu verdanken, dass Krause annahm, sie seien tot. Ich kann mir schwer vorstellen, dass ein solcher Mensch ein derartiges Gewaltpotenzial einfach so abstreift.«

»Ja, aber ...«, stammelte Dirk Weber. »Dann bist du mir gar nicht böse wegen der Sache?«

»Ich nehme es dir nur übel, dass du dich krankhaft hineinsteigerst, dass du alles andere um dich herum vergisst und dass du nun beginnen möchtest, mich deshalb zu belügen.«

Dirk machte den Ansatz, etwas zu entgegnen. Dieses Mal war Ute schneller. »Lass mich ausreden! Selbst wenn du nicht vorhattest mich zu belügen, du würdest das Versprechen, Krause nicht mehr zu verfolgen, niemals einhalten können. Das muss dir doch klar sein.«

Dirk presste seine Lippen zusammen und nickte bestätigend.

»Wenn es dir klar war, so kommt es doch einer Lüge gleich.«

Dirk schnaufte.

Ute sah ihn nur an. »Weshalb bist du wirklich zu mir gekommen?«

Dirk stellte die Ellenbogen auf den Tisch und stützte sein Gesicht in die Handflächen. Er schloss die Augen und rieb sich sein Gesicht. »Er ist verschwunden und ich kann ihn nicht finden.«

»Verstehe«, gab Ute zurück. Sie wirkte nicht mehr eingeschnappt, aber Dirk wusste, dass es in ihrem tiefen Inneren anders aussah. »Ich gehe davon aus, dass du ihn beschattet hast?«

»Soweit es mir möglich war, ja. Aber er ist weder bei sich zu Hause aufgetaucht, noch bei Christa Menkert.«

»Christa Menkert?«

»Eine Frau, bei der er in letzter Zeit häufiger übernachtet. Ich wollte eigentlich bei Frau Menkert klingeln und mich nach Krause erkundigen. Aber dann ...«

»Dann hast du dir überlegt, dass du von hundert auf null

die Sache abbrichst und keine Ermittlungen mehr durchführst?«

Abermals schnaufte Dirk. »Du hast ja recht.«

»Hör zu, Dirk. Ich helfe dir, wo ich kann. Aber einige Dinge müssen klar sein zwischen uns: Erstens, du ziehst mich in keine Sachen mit rein, die mich den Job kosten können.«

»Versprochen.«

»Zweitens, du schraubst dein Engagement auf ein Maß herunter, dass es nicht mehr an Besessenheit grenzt.«

»Versprochen.«

»Und drittens, du lügst mich nie wieder an.«

Dirk zögerte eine Sekunde. »Versprochen.«

»Gut. Dann komme mit.«

»Wohin?«, wollte Dirk wissen, als Ute sich erhob.

»Na, wir wollen doch herausbekommen, in welches Loch Krause sich verkrochen hat, oder?«

Dirk lächelte Ute verliebt an. »Du bist ein Schatz, habe ich dir das schon einmal gesagt?«

Sie nahm seinen Kuss entgegen. »Das könntest du ruhig öfter tun.«

»Was? Dir sagen, dass du ...«

Ute unterbrach ihn, indem sie ihn abermals küsste.

* * *

An diesem Samstag hatte Kriminaloberkommissar Dirk Weber dienstfrei. Er machte sich in aller Herrgottsfrühe auf den Weg nach Hof. Die Adresse, die Ute für ihn recherchiert hatte, lag direkt vor ihm. Eine Speditionsfirma, in der der Verdächtige Torsten Krause eine Anstellung als Fernfahrer gefunden haben soll. Das wäre eine logische Erklärung für sein spurloses Abtauchen. Allerdings würde das auch Probleme bedeuten, denn international zu fahnden war kompliziert.

Dirk blieb auf der Straße davor stehen und beobachtete alles eine Zeit lang. Eine Angewohnheit. Ohne etwas Spezielles zu suchen, achtete er auf Kleinigkeiten, die später vielleicht eine Bedeutung haben könnten. Ein alter Mann in einem grauen Kittel schaute bei mehreren Lastwagen nach dem Rechten. Vielleicht einer, der gern plauderte, weil er im Leben zu wenig Aufmerksamkeit erhielt. Da standen fünf Sattelschlepper und eine Zugmaschine mit Anhänger. Der Platz des Geländes reichte bequem für zwanzig solcher Fahrzeuge oder mehr. Dirk scannte die Umgebung weiter. Nichts geschah, bis ein Sportwagen mit überhöhter Geschwindigkeit aufs Grundstück fuhr und scharf bremste. Eine auffallend junge Frau stieg aus und ging auf das Gebäude zu. Das war interessant. An ihrer Körperhaltung und ihrem stampfenden Gang war ersichtlich, dass sie zumindest übel gelaunt war. Eine ältere Frau kam aus dem Gebäude und stellte sich ihr in den Weg. Weber stieg aus. Die Frauen stritten augenscheinlich, die junge Frau gestikulierte wild. Stimmenfetzen drangen zu Weber herüber. Allerdings verstand er nicht, worum es ging. Die Gesichter der Frauen prägte er sich ein, auch die konnten einmal das Bedürfnis haben, zu plaudern. Die junge Frau stakste zurück zu ihrem Sportwagen, zeigte ihren Mittelfinger hinter sich, stieg ein und brauste mit quietschenden Reifen davon. Flink notierte Weber das Kennzeichen. Er hatte nichts als seine Ahnung im Gepäck. Aber er hatte Witterung aufgenommen. Das Gelände und das Gebäude wirkten heruntergekommen. Er ging Richtung Gebäude und bestieg die kurze Stahltreppe zu dem Büro. Abermals trat die Ältere heraus. »Was wollen Sie?«, blaffte sie den Kriminaloberkommissar an.

»Ganz ruhig. Ich habe nur ein paar Fragen.« Weber hob mit sich ergebender Geste die Hände.

»Fragen? Sind Sie ’n Bulle?«

Die Frau machte auf Weber nicht gerade den Eindruck

einer seriösen Geschäftsfrau. »Ja, ich bin von der Polizei. Aber keine Panik, ich habe nur ein paar Routinefragen.«

»Routinefragen!«, spie die Ältere aus. »Ich kenne euch doch. Ihr wollt einem immer was anhängen. Wenn du keinen Beschluss hast, verpiss dich gefälligst.«

Weber erklomm die nächste Stufe der vergammelten Stahltreppe, seine Hände noch immer in derselben Geste. »Hören Sie. Ich will Ihnen nichts anhängen, das schwöre ich.« Die Alte glotzte ungläubig. Weber nahm die nächste Stufe. »Ich brauche einfach nur ein paar Informationen. Es ist wirklich wichtig.«

»Was für Scheißinformationen, Bulle?« Sie zündete sich einen Zigarillo an und sah überlegen auf Weber herab. Weber hätte jetzt mit der Tür ins Haus fallen können: *Wohin ist Krause unterwegs? Wann kommt er zurück?* Aber er wollte dem Mann auch nicht den neuen Job verderben, das würde aus ihm auch nicht gerade einen besseren Menschen machen. »Ich darf Ihnen nicht allzu viel erzählen. Es geht um ein internationales Verbrechen, mit dem Sie persönlich nichts zu tun haben«, schwindelte er deshalb.

Die Alte machte einen aberwitzigen Gesichtsausdruck. Die hatte hundertprozentig Dreck am Stecken. Aber das interessierte Weber zunächst nur am Rande. »Was wollen Sie dann von mir, wenn ich damit nichts zu tun habe?«

»Sie können mir bei den Ermittlungen helfen. Dann wird sich herausstellen, ob Sie wirklich nichts damit zu tun haben, oder vielleicht doch darin verwickelt sind.«

»Was reden Sie da für einen Scheiß? Was für internationale Verbrechen?«

Sie war viel zu nervös. Druck auszuüben hatte bei der Frau keinen Sinn. Er änderte seine Taktik, ging nahe an sie heran und sprach leise. »Können wir reingehen? Ich denke nicht, dass es für alle Ohren bestimmt ist, was ich Ihnen sagen kann. Aber für Sie kann dabei eine Menge herausspringen.«

Obwohl keine weiteren Ohren in der Nähe waren, zog sie die Tür hinter sich auf. Ihr Blick verriet Weber aufkommende Gier. Sie zerrte ihn geheimniskrämerisch am Ärmel hinein. Das Büro präsentierte sich genauso heruntergekommen wie der Außenbereich. Als sie drinnen waren, schloss die Alte die Tür hinter sich und drehte die Lamellen einer Jalousie blickdicht. Sie setzte sich hinter ihren Schreibtisch, deutete mit einer Handbewegung an, dass Weber sich auf den Besucherstuhl davor setzen sollte, und zog quietschend eine Schublade auf. »Legen Sie los, worum geht es?« Die Alte nahm eine Flasche Schnaps aus der Schublade und stellte die auf den Tisch. »Auch einen?«

Weber lehnte mit einem verneinenden Kopfschütteln ab. In seinem Kopf ratterte es, denn die Geschichte von der internationalen Kriminalität und der vermeintlichen Belohnung hatte er eben erst erfunden. »Eines muss klar sein. Wenn wir beide miteinander reden, muss alles unter uns bleiben.«

»Hm«, brummte die Alte und gaffte Dirk Weber mit ungleich aufgerissenen Augen an. »Was springt für mich dabei heraus?«

Sie war am Haken. Weber beugte sich vor. »Wie gesagt, ich darf Ihnen nicht allzu viel erzählen. Nur so viel: Es geht um große Fische. Die ganz Großen! Und was große Fische bedeutet, können Sie sich ausmalen, oder?«

Dirk registrierte jede Kleinigkeit. Die Lider der Alten flackerten kaum merklich. Sie wog langsam ihren Kopf.

»Ich habe keine Lust, mich mit der Mafia anzulegen.«

»Aber nein. Es geht nicht um die Mafia. Ich bin jemandem auf der Spur, der an sich unscheinbar ist, aber wahrscheinlich Ihre Spedition für illegale Aktivitäten nutzt.«

»He, Moment mal. Ich habe nichts mit illegalen Geschäften zu tun!« Die Alte erhob sich grollend.

»Das weiß ich doch. Sonst hätte ich Sie schon längst eingebuchtet. Setzen Sie sich wieder.«

Sie fixierte ihn aus schmal gezogenen Lidern, dann nahm sie wieder Platz und goss sich noch einen Schnaps ein. »Also gibt es jemanden, der mich dazu nutzt, irgendein Dreckszeug zu transportieren?«

»Wie gesagt, ich bin verpflichtet, Ihnen vieles zu verschweigen. Nur so viel: Für Sie ist es nicht gefährlich. Aber für andere. Und das will ich mit Ihrer Hilfe verhindern.«

»Hm. Dann habe ich also einen Geheimauftrag?«

»Der unbedingt auch geheim bleiben muss«, spielte Weber das alberne Spiel weiter. In seinem Kopf ratterte es gehörig auf der Suche nach einem nächsten klugen Schachzug. Er wollte eigentlich nur wissen, wo Krause sich gerade befand. Wäre er doch nur nicht auf die Idee gekommen, diesen Verbrecher Krause davor zu schützen, seine Arbeit zu verlieren. Hätte er die Alte direkt nach den Mann befragt, hätte er längst eine Antwort. Gut, sie hätte Krause daraufhin wahrscheinlich gefeuert. Aber dieses Theater bliebe ihm erspart. Die Alte wich ansatzweise zurück, als Weber sich erhob.

»Sind Sie dabei?«, fragte Weber.

Auch die Frau erhob sich und reichte Weber die Hand. »Ich bin dabei.«

KAPITEL SIEBZEHN

Der Waldweg verschwand im Rückspiegel meines Lkws und damit auch der Ort, an dem ich die Prostituierte vergraben hatte. Ein großer Vorteil von Prostituierten war, dass sie meist keine Verwandten hatten, die verbissen suchten. Ich fühlte mich frei, sicher und glücklich.

Ursprünglich hatte ich vorgehabt, kurz hinter Barcelona zu übernachten und am darauffolgenden Morgen weiterzufahren. Nun aber fuhr ich seit drei Stunden weiter, denn ich wollte sicherheitshalber nicht in der Nähe gesehen werden. Jedoch spürte ich, dass der Kampf mit der Nutte mich Kraft gekostet hatte. Meine Augenlider fielen immer öfter zu und die Müdigkeit wurde zu einer Folter. Ich fuhr auf einen großen Rastplatz, auf dem ich in der Menge der anderen nicht auffiel. Außer vielleicht dadurch, dass mein Fahrzeug das schäbigste war. Ich rollte bis zum Ende des Platzes, wo niemand stand, denn die Toiletten waren von dort am weitesten entfernt. Die Bremsen zischten laut, dann stellte ich den Motor aus und verharrte einen Augenblick lang. Ich stützte meine Ellenbogen auf das riesige Lenkrad und legte das Gesicht in meine Hände. Mit geschlossenen Augen begann ich, zu lachen, bis ich einen Lachkrampf hatte. Der Traum meiner jahrelangen Bautzener Wunschgedanken hatte sich erfüllt. Ich war ein freier Bürger, der ab jetzt unerkannt durch Europa reisen konnte und auf seinem Weg eine blutige Schneise hinterlassen würde. Und das Beste daran war, dass niemals jemand auf meine Spur kommen konnte. Ich griff Handtuch und Seifenzeug und machte mich auf den Weg, zu den Duschräumen.

Als ich wieder das Führerhaus meines Lastwagens erklomm, fühlte ich mich, wie ein neuer Mensch. Seifiger Geruch des Deosprays lag angenehm in der Luft. Ich hängte das Handtuch zum Trocknen über die Lehne des Beifahrersitzes. In meinen Gedanken sah ich die blutjunge Frau vor mir, die vor Stunden wehrlos unter mir kauerte. Ich wurde durch diese Gedanken erregt. Eilig zog ich die Gardinen an den Seitenscheiben und an der Frontscheibe zu und öffnete das Fach unter dem Schlafplatz. Aufgeregt zog ich Haarsträhne, Minirock und Slip hervor und breitete alles auf dem Lenkrad aus. Beinahe zeitgleich entkleidete ich mich fix, stand vor der Pracht meiner Andenken und begann bei dem Anblick, mich zu berühren. Plötzlich elektrisierte mich die Idee, den Stretchrock der Nutte anzuziehen. Rasch streifte ich das winzige Kleidungsstück über, setzte mich auf den Fahrersitz und spreizte die Beine. Mein Glied ragte unter dem kurzen Rock hervor, der Slip der Frau und ihre Haarsträhne lagen vor mir. Es war ein so erregendes Gefühl, wie ich es noch nie zuvor erlebt hatte. Als ich die Haarsträhne nahm, und damit über meine Genitalien strich, schien mein Schwanz vor Geilheit platzen zu wollen. Ich zitterte am ganzen Leib, konnte nicht anders, musste onanieren. Nach nur wenigen Bewegungen schoss mein Saft aus mir heraus. Ich genoss die Erleichterung kurz, nahm dann ein Papiertaschentuch und wischte den Saft ab. Anschließend verstaute ich meine Andenken allesamt wieder in dem Geheimfach, legte mich in die schmale Schlafkoje und lächelte mit geschlossenen Augen. Ebenjenes Gefühl, das gerade meinen Körper und meine Seele durchströmt hatte, musste ich wieder haben. Immer und immer wieder. Ich wusste, dass in meiner Seele Abgründe lauerten. Aber galt das nicht für alle Menschen? Ich war kein perverser Sonderling, wie manche es mir weismachen wollten. Ich war so normal oder unnormal wie alle anderen auch. Der einzige Unterschied war nur, dass man mich verurteilt hatte.

Für den Moment waren die Begierden meiner Seele gesättigt, aber sie würde schon bald wieder nach mehr schreien.

Nach sechs Stunden tiefem Schlaf fuhr ich weiter. Die Sonne war aufgegangen, ich stellte gut gelaunt das Radio an und pfiff zu den spanischen Liedern. Die Sprache gefiel mir. Vielleicht würde ich sie einmal erlernen. Ich blieb auf Autobahnen, so kam ich schnellstmöglich voran. Aber die Stunden verstrichen zäh, während sich die Fahrbahn schier endlos vor mir ausdehnte. Als sich auch dieser Tag dem Abend neigte, war ich wieder in Deutschland. Ich hatte die Ladung der Rücktour geleert und steuerte Hof an. Hof, die Stadt, in der ich meine neue Freiheit lebte, war nur noch zwei Stunden entfernt.

Als ich das Gelände der Spedition befuhr, war die Erleichterung in mir groß, dass ich es fertiggebracht hatte, wovon ich so lange träumte. Ich stellte den Sattelschlepper ordnungsgemäß ab, holte meine Andenken aus dem kleinen Fach und betrachtete sie. Eine magische Energie ging von der Haarsträhne und dem Slip aus. Ich träumte von dem Moment, als ich die Hure tötete, und von dem Anblick ihrer Haare in diesem Augenblick. Mein Glied wurde steif dabei.

Plötzlich klopfte jemand grob von außen gegen die

Fahrertür. Erschrocken fiel mir der Slip aus der Hand. Ich sah durch die Seitenscheibe. Meine Chefin, Frau Krohn, stand vor dem Lastwagen, stemmte ihre Fäuste in die Hüften und starrte zu mir empor. Sie bewegte ihre Hand Richtung Türgriff. Eilig beugte ich mich zum Fußraum vor, schnappte den Slip, als sie im selben Augenblick die Tür öffnete.

»Da bist du ja endlich«, blaffte sie mich an.

Ich steckte Slip und Haarsträhne unauffällig in die Jackentasche, stieg aus und schwieg.

»Hast du vollgetankt?«

»Ja, habe ich. Das hatten Sie mir ja gesagt.«

»Gut.« Ihr Blick trug die hinterlistige Spur eines Verräters, die ich nur zu gut aus meiner Zeit in Bautzen kannte.

»Ist dir irgendetwas aufgefallen?«

Die Frage machte mich ratlos. »Ich weiß nicht, es war meine erste Tour. Was wäre denn etwas Auffälliges?«

Frau Krohn behielt mich in ihrem bohrenden Blick. Ich fragte mich, was sie dazu trieb. »Stimmt. Was sollst du schon wissen?« Sie steckte sich einen Zigarillo zwischen die Lippen, zündete ihn an und sog nervös daran. Ich hasste den Gestank des Qualms. »Jedenfalls war das für eine erste Tour nicht schlecht, Krause.« Abermals stinkender blauer Dunst. »Hast du dich schon mit anderen Kollegen angefreundet?«

Das Gespräch hatte den Charakter einer Befragung. Ich konnte noch immer nicht einordnen, worauf sie hinaus wollte. »Ehrlich gesagt, bin ich noch nicht dazu gekommen und außerdem bin ich nicht so der gesellige Typ. Aber wenn Sie das wünschen ...«

»Nein, nein, schon gut«, unterbrach sie mich. »Das musst du nicht. Kümmere dich nur um deinen Kram, sei zuverlässig und loyal zu mir.« Sie nahm einen genießerischen Zug, schien nachzudenken. Dann tippte sie die Asche ab und befahl: »Das ist ab jetzt dein fester Wagen und deine feste Route ist Südeuropa. Bist du dazu bereit?«

»Ja!«, brachte ich begeistert hervor. »Ja, die Strecke liegt mir. Ich werde mit der Zeit ganz bestimmt routinierter und schaffe es schneller.«

»Na gut, Krause. Dann machen wir das so.« Sie wandte sich um und ging in Richtung Büro. Plötzlich sah sie noch einmal zu mir. »Und halte die Augen offen, Krause. Ich will, dass du mir Bescheid gibst, sobald du etwas beobachtest, das dir merkwürdig vorkommt.«

»Ja, Frau Krohn. Sie können sich auf mich verlassen.« Sie verschwand in ihrem Büro. Ich war mir sicher, dass sie hinter der Gardine stand und mich beobachtete, setzte deshalb ein Lächeln auf und spielte den Dankbaren. Die Fragerei meiner Chefin beunruhigte mich. Hatte sie etwas herausgefunden? Konnte sie meine Geheimnisse erahnen? Ich schloss den Lastwagen ab, ging zu meinem Pkw und fuhr los. Ich wollte nur noch nach Hause.

Übermüdet kam ich bei meiner Wohnung an, schloss auf und ging hinein. Die Nüchternheit meiner Behausung empfand ich zunehmend bedrückender. Besonders, seit ich mehr Zeit im schönen Haus von Christa verbrachte. Ich freute mich darauf, bald zu ihr zu fahren. Doch ich konnte nicht widerstehen, mich zuvor meinen erbeuteten Gegenständen zu widmen. Rasch duschte ich, setzte mich nackt auf mein Bett und betrachtete Haarsträhne, Slip und Rock. Während ich abwechselnd mit den Dingen meinen Intimbereich berührte, fühlte ich mich frei und glücklich. Ein besonderer Zauber ging von der Haarsträhne aus. Sie war wie ein Teil von mir geworden, ein Teil der Finsternis, die mich umgab. Dann war ich bereit, meine gutgläubige Freundin Christa aufzusuchen.

Ich war mir bewusst, dass sie nichts von meiner dunklen Seite wusste, dass sie in einer heilen Welt lebte, die ich niemals betreten könnte. Aber als sie mir die Tür zu ihrem

Haus öffnete und mich anlächelte, war die Hoffnung wieder da, dass ich es doch eines Tages schaffen würde. »Torsten«, sagte sie mit der liebevollen Begeisterung eines Kindes und zog mich sehnsüchtig hinein. Sie küsste mich sofort mehrmals, nahm mir die Tasche ab und stellte Pantoffeln vor meine Füße. Ich folgte ihr in ihre vermeintliche Normalität. Christa bettete mich auf der Couch. »Ruhe dich erst einmal aus, du bist bestimmt erschöpft.« Sie stellte mir den Fernseher an, ging in die Küche und kam gleich darauf zurück, um mir ein Glas Bier hinzustellen. »Ich bringe dir gleich dein Essen.«

Der Alltag in ihrem harmonischen Leben wirkte wie ein Kontrast zu meiner eigenen düsteren Existenz. Ich schaute fern, nippte an meinem Bier und hörte den behutsamen Geräuschen aus der Küche zu, die Christa verursachte. Kurz bevor ich einnickte, legte sie eine Serviette und Besteck auf den Tisch, eilte in die Küche, um den Teller mit dem dampfenden Essen zu holen. Der Duft von Hackbraten trieb mir das Wasser in den Mund. Sie stellte auch ihren Teller auf den Tisch und setzte sich mir gegenüber. »Guten Appetit.«

»Danke, das wünsche ich dir auch.« Ich beugte mich vor und roch genießerisch. »Das riecht köstlich, mein Schatz«, lobte ich sie. Es war das erste Mal, dass ich sie *Schatz* nannte, woraufhin ihre Wangen rot wurden. Sie erhob sich, kam zu mir, küsste mich auf kindische Weise und setzte sich dann wieder. Eine eigenartige Frau.

Nach dem Essen räumte sie das Geschirr ab und fragte mich, ob ich noch ein Bier oder lieber einen Kaffee wollte. Ich wählte den Kaffee, denn ich wusste, dass sie nur drauf wartete, dass wir ins Bett kamen, was mir recht war. Dies war der erste Abend, an dem ich Christas Haare während des Fickens so grob behandelte, dass sie kurz aufschrie. Ich ließ sofort wieder los und bumste sie zwei Mal nacheinander so kräftig durch, dass ihre Lustschreie mir beinahe Angst machten. Ich war danach unschlüssig, ob sie durch meine groben Griffe so geil geworden war oder ob sie mich einfach nur vermisst hatte. Ich würde es testen.

Sie legte danach ihr Gesicht auf meine Brust und schlief schnell ein. Ihr Atem war gleichmäßig und ihr Arm auf meinem Bauch wurde schlaff. Ich legte ihren Arm herunter, sie schob schlafend ihre Hand unter ihr Gesicht und blieb gleich wieder ruhig liegen. Ich sah sie lange an, streichelte sanft ihr Haar und ließ meine erneute Erregung unbeachtet. Ein Teil in mir war glücklich und zufrieden. Ein anderer Teil war stets auf der Suche. So reglos, wie Christa vor mir lag, erinnerte es mich an den Augenblick, als die Hure tot dalag und ich mit ihr anstellen konnte, was ich wollte. Sie schrie nicht und beklagte sich nicht. Der Tod hatte verlockende Seiten. Ich vermisste den Anblick der Toten so sehr, dass ich beschloss, eine Polaroidkamera zu kaufen. Ein Instrument, um die unwiederbringbar schönsten Momente meines Lebens festzuhalten, um die erregende Schönheit des Todes in Bildern einzufangen und um diese Augenblicke so oft wiedererleben zu können, wie ich es wollte.

Am Frühstückstisch am nächsten Morgen erzählte ich Christa von meinem Wunsch nach einer Kamera (natürlich verschwieg ich den Hintergrund). Eine halbe Stunde später verließ sie das Haus, kehrte nach einer weiteren Stunde zurück und stellte einen Karton mit einer Polaroidkamera vor mir auf den Tisch. »Aber ...«, gab ich sprachlos von mir.

»Sag nichts, mein Schatz.« Sie strahlte übers ganze Gesicht, ob der Überraschung, die sie mir bereitet hatte. Aufgeregt packte sie die Kamera aus, setzte sich auf meinen Schoß und schoss zwei Bilder von uns. Sie betrachtete die Bilder neugierig, bis die Entwicklung beendet war. »Noch mal«, sagte sie töricht. »Aber mache nicht ein so ernstes Gesicht.« In mir kochte eine Wut hoch und das Gefühl, dass sie mich mit ihrer überbordenden Aufmerksamkeit eines Tages ersticken würde, was Christa wohl selbst bemerkte.

»Bin ich dir zu nahe getreten?« Christa war sehr feinfühlig, sprang auf und legte die Kamera auf den Tisch. Ich hingegen war kein Mann für klärende Gespräche. Ich erhob mich, drückte Christa mit dem Rücken auf den Küchentisch, schob ihren Rock hoch und zerriss ihre Strumpfhose. Ihr Blick war eine Mischung aus panischer Angst und Geilheit, ihr Atem schnell und gierig. Ich hatte flink meine Hose geöffnet und rammte sofort meinen Schwanz in sie hinein. Dabei griff ich – wie am Abend zuvor – grob in ihre Haare und bekam schnell einen Erguss. Ihr gequältes Gesicht, ihre zerrissene Strumpfhose, ihre Haare in meiner Faust und ihr schmerzverzerrtes Gesicht trieben mich in eine solche Erregung, dass ich ohne Pause weiter fickte. Mein Blick fiel auf die Kamera. Ich nahm sie, während ich Christa wie ein Tier durchnahm, und knipste mehrere Bilder nacheinander.

Als ich von ihr abließ, lief sie weinend ins Badezimmer und blieb lange dort. Wir taten den ganzen Tag über so, als wäre nie etwas vorgefallen. Christa bemühte sich zumindest darum, was ihr jämmerlich misslang. Ich verachtete sie dafür. Eigentlich gefiel mir unsere Beziehung von diesem Zeitpunkt an besser als zuvor, denn sie bedrängte mich nicht mehr so sehr und hielt die Klappe. Aber der Sex in der darauffolgenden Nacht war grauenhaft. Sie lag nur mit geschlossenen Augen unter mir und ich brauchte lange, um abzuspritzen.

Es war mir egal. Ich hatte meine Kamera und ich würde am nächsten Tag wieder nach Spanien fahren.

KAPITEL ACHTZEHN

Kriminaloberkommissar Dirk Weber krempelte seinen Hemdsärmel herunter.

»Sie sollten sich eine Zeit lang Ruhe gönnen, Herr Weber.« Die hübsche Ärztin zog die Ohrbügel ihres Stethoskops auseinander, klemmte sie sich um den Hals und setzte sich hinter ihren Schreibtisch. Sie schrieb eifrig etwas. »Sie bekommen von mir eine Krankschreibung und eine Überweisung in die Herzklinik.«

Weber zog sich seine schwarze Lederjacke wieder an. »Danke, Frau Doktor. Die Krankschreibung nehme ich gern. Aber eine Überweisung brauche ich nicht.«

Sie schaute ihn an, ihr kastanienbrauner Blick war interessant. »Das ist natürlich Ihre Entscheidung. Aber Sie sollten den Zustand, in dem Sie sich befinden, nicht auf die leichte Schulter nehmen.«

»Sie haben gesagt, dass es kein Infarkt war. Befinde ich mich nun in akuter Gefahr oder nicht?«

Die Ärztin legte beide Handflächen auf den Tisch und streckte die Arme durch. »Sie hatten jahrelang Stress und Ärger, wie Sie mir erzählt haben. Ich empfehle Ihnen, in ein

Krankenhaus mit kardiologischer Abteilung zu gehen und sich genauer untersuchen zu lassen. Ich kann mit meinen Mitteln zwar nichts Akutes entdecken. Aber die Kollegen in den Kliniken haben mehr Möglichkeiten. Eine Untersuchung mit Kontrastmitteln zum Beispiel, sodass man eventuelle Gefäßverengungen erkennen und beheben kann.«

»Danke. Ich vertraue Ihrer Erfahrung, Frau Doktor. Ich trete ein paar Tage kürzer, dann wird es schon wieder gehen.«

»Wie Sie wollen.« Die Ärztin war offensichtlich unzufrieden mit Webers Entscheidung.

»Danke. Auf Wiedersehen.« Weber hatte keinen Nerv für weitere Diskussionen. Er nahm die Krankschreibung an sich, verabschiedete sich kurzangebunden und eilte hinaus. Im Wagen atmete er tief durch. Das hatte ihm noch gefehlt. Ausgerechnet jetzt musste sein Kreislauf verrücktspielen. Weber sah auf die Uhr. Er musste dringend zu Viola Krohn, der Chefin, der Spedition, in der Torsten Krause arbeitete. Als Weber das letzte Mal bei Frau Krohn war und sie befragt hatte, war ihm mitten im Gespräch plötzlich übel geworden. Daraufhin hatte er sich fluchtartig verabschiedet und gesagt, dass er sich wieder melden würde. Das war vor zwei Tagen. Er hatte nach der Befragung von Viola Krohn eine Zeit lang mit kaltem Schweiß auf der Stirn in seinem Dienstwagen gesessen und gehofft, dass er nicht das Bewusstsein verlor. Nach einer Weile hatten die Übelkeit und das Schwächegefühl nachgelassen, jedoch ging es ihm so schlecht, dass er sich vorsichtig auf den Heimweg gemacht hatte und sich zu Hause verkroch. Er hatte sich telefonisch krankgemeldet, keine Telefonate angenommen und war auch nicht zur Wohnungstür gegangen, wenn es klingelte. Es ging ihm die beiden Tage lang wirklich nicht gut und er bekam es mit der Angst zu tun, weshalb er dann die Ärztin aufgesucht hatte. »Entwarnung«, sagte er leise vor sich hin.

Eine Stunde später hielt er auf dem Speditionshof, direkt

vor der Treppe, die in das Büro der Chefin führte. Er stieg aus dem Wagen und erklomm die Treppe.

»Zu wem wollen Sie?«, hallte die Stimme eines Mannes hinter ihm. KOK Dirk Weber schaute sich um: Ein Mann um die sechzig, Anzugträger ohne Eleganz, Hände in den Hosentaschen, Kaugummi kauend, blieb vor der Treppe stehen und sah zu Weber empor.

»Wer sind Sie, wenn ich fragen darf?«, entgegnete Weber.

Der Anzugträger zögerte kurz. »Jens Krohn. Ich bin der Chef.« Der Mann war ein Blender. Dirk Weber blieb auf dem oberen Podest der Treppe stehen und sah zu dem Mann herunter. Die eigentliche Frage war, ob er mehr zu sagen hatte als Viola Krohn. »Ich habe vor zwei Tagen mit Viola Krohn gesprochen ...« Dirk ließ bewusst eine Pause. Der Anzugträger reagierte.

»Das ist meine Frau.«

»Ah, verstehe. Ich wollte gerade zu ihr.« Dirk Weber wandte sich zur Tür und drückte die Klinke herunter. Doch die Tür war verschlossen.

»Vielleicht nimmt der Herr mit mir vorlieb!« Weber wandte sich wieder dem Mann im Anzug zu. Wenn sich Viola an alles gehalten hatte, was verabredet war, sollte ihr Mann nicht eingeweiht sein. Weber wollte es nicht darauf ankommen lassen. »Ich komme ein anderes Mal wieder«, sagte er und stieg die metallenen Stufen herab.

Als er unten ankam, brauste ein Kombi auf den Hof, ein älterer Ford Taunus, der aber noch gut in Schuss wirkte. Der Ford blieb dicht bei Jens Krohn stehen. Viola Krohn stieg aus dem Wagen. Der Blick, den sie ihrem Mann zuwarf, sprach Bände. Viola Krohn kam auf KOK Weber zu. Im Vorbeigehen blaffte sie ihren Mann an: »Hast du nichts zu tun? Was macht deine Arbeitssuche, du alter Bock?« Viola wartete die Antwort ihres Mannes nicht ab und kam mit ausgestreckter Hand auf KOK Weber zu. Sie lächelte dem Kommissar zu, ihr Mann hatte ein wutrotes Gesicht, wandte sich um und verschwand zwischen zwei Lastwagen.

»Kommen Sie rein.« Viola ging voran, Dirk folgte ihr. Drinnen hing sie ihre Jacke an einem geschwungenen Garderobenständer aus Metall auf, ging zum Fenster und öffnete es weit. Der Geruch von abgestandenem Rauch verzog sich. »Nach dreißig Jahren Ehe lacht der Saukerl sich ein Flittchen an, das seine Tochter sein könnte.« Weber kam die junge Frau in den Sinn, die vor einigen Tagen in einem Sportwagen vom Gelände gesaust war. Viola zündete sich ein Zigarillo an. »Vergessen Sie es. Ich habe schon gedacht, dass Sie nicht mehr wiederkommen.« Sie paffte in die Luft und sah Kommissar Weber prüfend an.

»Das kann immer wieder vorkommen. Manchmal muss ich Hals über Kopf aufbrechen. Lassen Sie sich davon nicht beirren, unsere Verabredung steht.«

»Mhm«, brummte Viola und klopfte Asche ab.

»Konnten Sie in der Zwischenzeit etwas Auffälliges feststellen?«, fragte Weber.

»Nein. Alles wie immer. Die Mannschaft hält aber auch zusammen, da würde keiner den anderen verpfeifen.« Frau Krohn lehnte sich zurück und grinste überlegen. »Aber ich bin ja nicht blöd. Ich habe einen neuen Fahrer. Der ist mit den anderen noch nicht befreundet. Der wird für uns die Augen offenhalten.«

»Einen neuen Fahrer? Wie heißt der?« Weber zückte sein Notizbuch, obwohl er genau wusste, wer der Neue war.

»Torsten Krause heißt der Mann.«

KOK Weber gab sich ungerührt. Er musste Frau Krohn jetzt eng führen, denn der Verdächtige Krause kannte den Kommissar. Sie durften sich hier nicht begegnen.

»Frau Krohn, es ist sehr wichtig, dass unsere Gespräche unter uns bleiben. Weder Ihr Mann noch dieser Krause dürfen davon erfahren. Krause darf auf keinen Fall erfahren, dass ich bei Ihnen war. Sonst werden unter Umständen die Ergebnisse der Ermittlungsarbeit wertlos. Verstehen Sie das?«

»Klar, bin ja nicht blöd.«

»Sie haben also noch niemanden eingeweiht?«

»Nein, wenn ich es Ihnen doch sage.«

»Gut. Bitte vergessen Sie das nicht! Jetzt zu Krause. Ich will mehr über den Mann wissen, wie ist er zu Ihnen gekommen? Was wissen Sie von ihm? Halten Sie ihn für zuverlässig?«

»Hoppla, woher kommt denn Ihr gesteigertes Interesse an diesem Mann?« Ein Drahtseilakt! Weber musste ständig auf der Hut sein, damit nicht herauskam, worum es ihm eigentlich ging. »Sie haben Krause als Informanten ins Spiel gebracht, da muss ich natürlich alles über ihn wissen.«

»Verstehe. Er hat sich bei mir persönlich beworben. Eigentlich ist er uninteressant, weil er gerade erst seinen Führerschein gemacht hat und somit keine Erfahrung als Kraftfahrer besitzt.«

»Warum haben Sie ihn dann genommen?«

Frau Krohn drückte ihren Zigarillo nervös aus. »Es war zufällig gerade eine Stelle frei und seine Lohnvorstellung lag ein Drittel unter denen der anderen.«

Die Frau verschwieg etwas. »Gab es noch einen anderen Grund?«

Frau Krohn beugte sich vor. »Bleibt wirklich alles, was ich Ihnen sage, unter uns?«

»Das verspreche ich Ihnen.«

»Der Kerl sieht ja nicht schlecht aus. Und ich dachte …«

»Sie dachten, dass Sie es Ihrem Mann mit Krause heimzahlen können. Schon gut. Eine Sache interessiert mich noch, dann sind Sie mich für heute los: Könnten Sie mir einen Tourenplan zukommen lassen? Am besten wäre es, wenn Sie jede Tour genau protokollieren.«

»Das ist kein Problem, diese Aufzeichnungen mache ich sowieso.«

KOK Weber sah auf die Armbanduhr. »Ich muss aufbrechen, Frau Krohn. Ich melde mich wieder.« Sie gaben sich die Hände. In der Tür drehte sich Weber noch einmal zu ihr um und wiederholte eindringlich. »Und BITTE reden Sie mit niemandem über unsere Gespräche.«

Frau Krohn schüttelte nur verständnislos den Kopf.

KOK Dirk Weber flitzte zu seinem Wagen und brauste los. Zwei Tage lang hatte er sich nicht bei Ute gemeldet. Er hatte keine Ahnung, wie er sie dieses Mal besänftigen sollte.

KAPITEL NEUNZEHN

Der nächste Morgen begann, wie der Abend davor endete: Christa diente sich mir an, stand vor mir auf, legte mir frische Kleidung ins Bad, bereitete mir ein Frühstück in der Küche und packte die Lederaktentasche mit belegten Broten und der Thermoskanne mit Kaffee. Ich saß ihr gegenüber am Küchentisch, auf dem Stuhl neben mir die brav gepackte Ledertasche. Ich ignorierte Christa. Jeder normale Mensch hätte doch beleidigt sein müssen. Christa hingegen unterdrückte nur mit Mühe eine Leidensmiene – nicht einmal das traute sie sich. Ich hatte ihr wehgetan, hatte mit ihr Dinge angestellt, die sie offensichtlich nicht wollte. Und was ist ihre Antwort darauf? Sie leckt mir den Arsch. Vielleicht war das nicht genug!

Wir wechselten kein Wort. Ich begann, meine Machtstellung zu genießen, stellte meine leere Kaffeetasse demonstrativ vor mir ab, und warf ihr einen toten Blick zu. Sie füllte brav meine Tasse nach. In dieser Welt auf freiem Fuß, in der ich mich nun befand, wurde mein Alltag von zwei völlig unterschiedlichen Realitäten bestimmt. Auf der einen Seite war Christa, die gutgläubige Frau, die nichts von meiner dunklen Seite ahnte, die in ihrer heilen Welt lebte und mir Trost und Normalität bot. Auf der anderen Seite war ich, Torsten Krause, ein Mann, der von dunklen Begierden und Abgründen getrieben wurde, die er immer weniger beherrschen konnte.

Christa widerte mich an. Nicht, weil sie es verdient hatte, sondern weil ihre unterwürfige Art mich vor ihr und mir selbst ekeln ließ. Sie sollte jedes Recht dazu haben, mit mir beleidigt zu sein. Doch anstatt sich von mir abzuwenden, diente sie sich mir an. Ich konnte meine Verachtung vor ihr nicht verbergen, und doch blieb sie eine Kreatur der Helligkeit in meiner dunklen Welt. Doch ich wusste, dass ich nicht für immer in dieser scheinbaren Harmonie verharren konnte. Alles war eine Frage der Zeit.

Bald brach ich zu meiner zweiten Speditionstour nach Spanien auf. Allein die Vorstellung davon weckte in mir eine gewaltige Vorfreude. Die Fahrt war anstrengend, was ich erwartet hatte. Die Straßen schienen endlos zu sein, doch mein Ziel war Spanien, das Land meiner dunklen Gelüste, das Land, in dem ich unbehelligt agieren konnte. Ich konnte es kaum erwarten, meine Polaroidkamera zum Einsatz zu bringen. Endlich würde ich meine erregenden Erlebnisse für alle Ewigkeit festhalten können. Mein großes Problem war, dass die Erinnerungen an die spanische Nutte meiner ersten Tour in dieses wundervolle Land, zu verblassen drohten. Mit der Kamera würde ich die Erlebnisse für alle Ewigkeit festhalten und nach Belieben reproduzieren können. Meine Erregung bei diesen Gedanken war grenzenlos.

Diese Tour führte mich nicht nach Barcelona, sondern noch weiter ins Landesinnere nach Terrassa. Mein Ziel lag am nördlichen Stadtrand, aber allein diesen Teil Terrassas fand ich grauenhaft hektisch und unfreundlich. Mir kamen Zweifel, ob das der richtige Ort für meine Vorhaben war. Missmutig fuhr ich meinen Zielort an, entlud meine Ladung – Rohseife für eine Fabrik. Ich beeilte mich, schnell wieder den Rückweg anzutreten, denn auf der Hinfahrt hatte ich sie bereits gesehen: die ahnungslosen Engel der Nacht, die in kurzen Röcken und hochhackigen Schuhen vor den Toren der Stadt die Straßen säumten. Ich lenkte meinen Lkw aus Terrassa heraus und konnte bereits die ersten Vorboten der Nacht sehen. Die Straßen wirkten verlassen, das Licht dämmerte und an den Bordsteinen standen die Frauen.

Eine fiel mir sofort auf: eine Frau mit langen blonden Haaren. Sie war schlank, sehr hübsch und ihr Haar schimmerte verlockend im gelben Licht meiner Scheinwerfer – genau mein Typ. Ohne zu zögern, hielt ich an. Sofort öffnete sie von außen die Tür, stieg zu mir und nahm auf dem Beifahrersitz meines Lastwagens Platz. Sie sah wunderschön aus, besonders ihre Haare, die sie mit beiden Händen seitlich über ihre Schulter schwang. Ich war sogleich erregt. Sie redete etwas auf Spanisch, ich machte mit der Hand eine ablehnende Geste. »You speak englisch?«, fragte sie dann gebrochen.

Ich wiederholte meine ablehnende Geste, dieses Mal mit böser Miene. Sie hatte verstanden, dass ich kein Gespräch wollte und schwieg. Ich fuhr los. »I am Ana«, sagte sie nach einem kurzen Augenblick des Schweigens, wandte sich um und schmierte mit einem Finger ihren Namen an die beschlagene Seitenscheibe. Ich nickte uninteressiert und sah wieder auf die Straße. Statt zu antworten, schloss ich nur meine Augen für einen Moment und atmete tief durch. Das Gerede ging mir auf die Nerven. Ich konnte es kaum erwarten, sie kaltzumachen, mich an ihr zu vergehen und endlich Bilder zu schießen.

Ana deutete an, dass ich nach rechts abbiegen sollte. Ich folgte ihrer Anweisung. »Stopp«, sagte sie nach wenigen

Metern und deutete wild fuchtelnd auf eine Zufahrt zu einem Gelände. Ich warf ihr einen prüfenden Blick zu. Ana war sehr jung, ihr Verhalten kindisch. Ich parkte den Lkw neben einem verlassenen Lagerhaus, welches scheinbar schon lange Zeit ungenutzt vor sich hin verrottete. Ana wollte sofort zur Sache kommen. »Stopp«, sagte ich jedoch und sie nahm wieder Platz, etwas auf Spanisch fluchend. Ich stieg aus und blieb lauschend vor dem Lastwagen stehen. Als ich sicher war, dass wir allein waren, stieg ich zurück in das Führerhaus des Lastwagens. Überrascht stellte ich fest, dass Ana nackt war. Sie schaute mich verführerisch an, kam nahe zu mir, öffnete den Reißverschluss meiner Jeans und zog sie mir aus. Ich ließ es mir gefallen, sah dabei auf sie hinab. Mein Herz wummerte vor Aufregung bei dem Anblick des vor mir knienden Mädchens. Ana hatte geschickt ein Kondom in die Hand genommen und begann, meinen Schwanz zu reiben. »Stopp«, rief ich, denn das war nicht das, was ich vorgehabt hatte. Sie sah mich genervt an, ihr nächster Blick wanderte demonstrativ zu ihrer Uhr. Dieses Mädchen würde nicht so lange Geduld haben, wie die andere neulich im Wald. Somit war ich unter Druck gesetzt und zur Eile gezwungen. »Warte«, sagte ich, beugte mich in die Schlafkoje hinter dem Sitz, griff den Strick, den ich bereitgelegt hatte, und wandte mich zurück. Als sie mich mit dem Strick in der Hand sah, stieß sie einen Angstschrei aus. Augenblicklich schlug ich Ana mit den Fäusten ins Gesicht und in den Bauch, sodass sie aufhörte zu schreien und ächzend zusammensackte. Sie lag auf dem Rücken, ihr Gesicht blutüberströmt, eine klaffende Platzwunde unter ihrem linken Auge. Ich kniete mich über sie, setzte mich auf ihren Oberkörper und klemmte mit meinen angewinkelten Beinen ihre Arme fest. Ana war somit wehrlos. Dann schwang ich die Schlinge um ihren Hals. Ihr panischer Blick beglückte mich innerlich. Ich verstand ihre flehenden Worte nicht, aber ich ahnte, worum sie bettelte und wozu sie bereit wäre. Das erregte mich. Das Ende des Stricks legte ich um das dicke Lenkrad und zog mit aller Kraft daran, sodass sich die Schlinge um ihren Hals zuzog. Mit ihrem rechten Auge starrte sie mich entrückt an, ihr linkes war beinahe zugeschwollen. Ich hielt den Strick unter Spannung, ihr Gesicht lief dunkel an, ihre Zunge quoll heraus und sie gab glucksende Laute von sich. Ich musste die Balance halten, denn je kräftiger ich an dem Strick zog, desto mehr schien sie unter mir wegzurutschen. Ein Dilemma. Mein Atem beschleunigte sich, es war sehr anstrengend. Doch ganz gleich, wie stark ich zog, ihre Bewegungen unter mir wollten einfach nicht schwächer werden. Die Konstellation, dass ich sie unter mir zwischen meinen Schenkeln festhielt, war einfach ungünstig.

Mit einer schnellen Bewegung erhob ich mich auf die Beine, dadurch lag sie ohne die Umklammerung mit meinen Schenkeln nun frei. Ana begriff das sofort und versuchte, sich ebenfalls zu erheben. Doch ich kam ihr zuvor und zog mit aller Kraft an dem Strick. Ana versuchte, ihre Finger zwischen den Strick und ihren Hals zu schieben. Mit den Beinen strampelte sie wild und trat nach mir, bis sie mich mit einem Tritt gegen meine Hand schmerzhaft erwischte. Hasserfüllt trat ich gegen ihre Wade. Sie gab einen erstickten Laut von sich, ihr schmerzverzerrter Gesichtsausdruck verriet, dass ich sie gut getroffen hatte. Das Miststück unterließ es von nun an, nach mir zu treten. Noch immer hielt ich den Strick in meinen Händen, mit aller Kraftanstrengung zerrte ich daran, dann hatte ich sie so weit hochgehoben, dass sie mit dem Nacken direkt gegen das Lenkrad gepresst wurde. Ihre Finger klemmten zwischen Strick und Hals, ich glaube, sie konnte sie nicht mehr herausziehen. Unter dem Strick war der Hals unnatürlich dünn. Ana starrte mich aus ihrem weit aufgerissenen Auge an und zappelte mit den Beinen. Ich setzte mich gelassen auf ihre Oberschenkel, hielt den Strick unter Spannung und genoss den Anblick. Sie röchelte nicht mehr, lediglich ein leises Schmatzen ging von ihr aus. Das Weiß in ihren Augen war rot unterlaufen, dunkle Äderchen und Pünktchen zeichneten sich ab. Dann erschlafften ihre Arme und ihr ganzer Körper. Ich hielt die Schlinge so lange weiter unter Spannung, bis ich mir sicher war, dass ich Ana kaltgemacht hatte. Dann ließ ich ihren schlaffen Körper langsam auf den Boden sinken, indem ich das Seil Stück für Stück durch das Lenkrad rutschen ließ. Völlig erschöpft legte ich mich neben Ana. Unsere Gesichter waren dicht voreinander, ihre Augen starr, meine tränengefüllt.

Nach einer Verschnaufpause sah ich sie genauer an. Die Stelle ihres Halses, die vom Strick zugeschnürt wurde, war so dünn zusammengepresst, dass ich einen Schreck bekam. Das sah wirklich nicht schön aus. Ich griff eine Haarsträhne und legte sie über die hässliche Stelle. Anas Haar war das schönste Haar, das ich jemals gesehen hatte. Ich konnte mein Glück kaum fassen. Mit zitternden Händen vergrub ich meine Finger in ihren Haaren, schloss die Augen und spürte meine Erektion pulsieren. Ich konnte mich nicht mehr zurückhalten, kniete mich über Ana und rieb mein Glied über ihr Gesicht und ihre Haare. Sie so an mir zu spüren, holte Kindheitserinnerungen an Sandy, Yvonnes Puppe, zurück. Alles war damals so unvergleichlich schön und abenteuerlich.

Mein Erguss kündigte sich an, ich ließ von Anas Haaren ab, weil ich sie nicht mit meinem Ejakulat benetzen wollte. Vorsichtig legte ich ihre Beine in gespreizte Stellung, drang in sie ein, während mein Gesicht nahe bei ihr war und ich den Geruch ihrer Haare einsog. So ergoss ich mich in Abständen drei Mal in ihr.

Wohlige Müdigkeit überkam mich. Aber an Schlafen war nicht zu denken, denn ich wollte bald von diesem Platz verschwinden und hatte noch einiges vor. Ich griff in meine Tasche nach der Polaroidkamera. Ich hatte sie schließlich extra mitgebracht, um ein paar Erinnerungen an diesen Abend festzuhalten. Ich sah durch den Sucher. Ana lag breitbeinig vor mir. Bevor ich das Bild schoss, beugte ich mich zu ihr und verdeckte ihr Gesicht und ihren Hals mit ihren Haaren. Ich drapierte glatte breite Strähnen. Zufrieden drückte ich den Auslöser. Das Gerät surrte laut; ich nahm einige Bilder auf, bevor ich die Kamera wieder zurück in meine Tasche steckte.

Dann packten mich plötzlich alle Dränge meines kranken Triebes zugleich – als ob etwas außerhalb meiner selbst gesteuert wurde. Ich schnitt eine Haarsträhne von ihrem Hinterkopf und verstaute diese in einer mitgebrachten Papiertüte. Ich fühlte mich unter Zeitdruck. Hektisch suchte ich nach Anas Slip, fand ihn neben dem Beifahrersitz. Dort fand ich auch eine kleine Handtasche, die von ihr stammte. Wie von fremder Hand geführt, öffnete ich sie. Kondome, ein Abwehrspray, Taschentücher, Geldscheine, das Bild eines kleinen Kindes. Das Kind war vielleicht drei Jahre alt. Ana mochte siebzehn sein. War es die kleine Schwester? Oder die Tochter? Sie war jedenfalls hübsch, hatte ähnliche Haare, wie Ana. Ich steckte das Bild zu denen, die ich von Ana geknipst hatte, und verstaute alle Trophäen in meiner Lederaktentasche. Eilig kleidete ich mich an, startete den Lastwagen und fuhr los. Es wurde Zeit, die Rückfahrt anzutreten. Aber in meinem Kopf drehten sich immer noch vor lauter Adrenalin und Lust gespeiste Gedanken und der Schrecken darüber, wer oder was eigentlich gerade geherrscht hatte.

Auf der Suche nach einem verlassenen Waldweg tauchte eines dieser ungepflegten Industriegelände vor mir auf. Dort würde nicht so genau hingeschaut, wenn es überhaupt bewacht wurde. Ich steuerte darauf zu und fand schnell, wonach ich suchte: Müllcontainer. Warum war mir diese Idee nicht schon früher gekommen? Anhalten, Motor aus, aussteigen, unauffällig umsehen – alles ging mir spielend von der

Hand. Die Jahre in Bautzen hatten Instinkte und Routinen in mir geschult. Ich öffnete die Beifahrertür, hievte Ana von dem Beifahrersitz herunter und trug sie zu dem Container. Ein letzter Blick auf ihren Körper, eine letzte Berührung ihres wundervollen Haares, dann warf ich sie zu dem anderen Müll und bedeckte sie mit gefüllten Plastiktüten.

Zufrieden stieg ich in meinen Lastwagen und war überglücklich darüber, dass Christa mir die Polaroidkamera geschenkt hatte. Die Aufnahmen würden mir Segen spenden, auch wenn meine Opfer schon längst im Waldboden verrottet sind oder in einer Müllverbrennungsanlage in Asche und Rauch verwandelt wurden. »Christa ...« Ich bekam einen lang andauernden Lachanfall.

KAPITEL ZWANZIG

Kriminaloberkommissar Dirk Weber fuhr von Hof zurück nach Gera. Die ganze Rückfahrt über quälten ihn Gedanken, wie er die Beziehung zu Ute wieder in Ordnung bringen könnte. Er war zwei Tage lang abgetaucht und hatte sich nicht bei ihr gemeldet. Zwar war er tatsächlich krank gewesen, jedoch hatte er auch dies in der Vergangenheit bereits als Notlüge benutzt und war damit aufgeflogen. Eilig kaufte er einen riesigen Blumenstrauß in der Hoffnung, damit seine Verfehlungen wiedergutmachen zu können. Doch als Ute die Tür öffnete, empfing sie ihn nicht mit der gewohnten Ausgelassenheit und Fröhlichkeit. »Dirk«, sagte sie nur kühl und blieb in der Tür stehen. Ihr Blick fiel kurz auf den Blumenstrauß in Webers Hand.

»Ute, ich kann dir alles erklären ...«

»Davon bin ich überzeugt«, schnitt sie ihm das Wort ab, blieb in der Tür stehen und unterbrach damit seine Vorwärtsbewegung. »Das ist ja eine deiner Stärken, Dirk. Aber ich habe keine Kraft mehr, immer wieder daran zu glauben und dann enttäuscht zu werden.« Sie machte Anstalten, die Tür zu schließen.

»Warte!«, rief Weber und legte seine Hand an die Tür. »Lass uns darüber reden. Bitte.«

»Du hast längst entschieden, was in deinem Leben das Wichtigste ist und welche Rolle ich dabei spiele, Dirk.« Dann schloss Ute die Tür.

Weber spürte, wie sich ein Kloß in seinem Hals bildete. Ute schickte ihn fort, ihre Worte waren schmerzhaft klar und das Schlimmste daran war, dass sie recht hatte.

Mit dem verschmähten Blumenstrauß in der Hand verließ Weber Utes zu Hause. Er lief durch die Straßen Geras, war wie vor den Kopf gestoßen und nahm nichts um sich herum wahr. Zu sehr war er in seinen kreisenden Gedanken gefangen, aus denen heraus es einfach keinen Ausweg gab.

Er kam an einem Blumenladen vorbei. Eine ältere Dame stand vor dem Schaufenster und sah sich mit traurigen Augen die Auslage an. Die Dame erinnerte Weber an seine Mutter und an eine glückliche Zeit, die lange zurücklag. Die Frau wandte sich mit starrer Miene von dem Schaufenster ab und ging mit kurzen Schritten weiter. Weber machte große Schritte, blieb vor ihr stehen und reichte ihr den prächtigen Strauß. »Die möchte ich Ihnen schenken.«

Die alte Dame sah ihn skeptisch an. Zaghaft berührte sie eine der Rosen. Ein Lächeln überzog ihr kleines Gesicht. »Aber einen so schönen Strauß haben Sie doch bestimmt für einen besonderen Menschen gekauft.«

»Sie sind besonders«, antwortete Weber, legte den Strauß in die Arme der Frau und ging schnell weiter. Zu Hause, allein in seinem Bett, zweifelte er an seiner Lebensführung. Seine Ehe war zerrüttet, die Zeit mit seinen Kindern rückte in weite Ferne, und nun schien auch die Beziehung zu Ute am Ende zu sein. Die Jagd nach Krause hatte ihn an den Rand des Abgrunds geführt, und er begann zu hinterfragen, ob es das wert war.

. . .

Weber hatte eine unruhige Nacht hinter sich. Noch galt seine Krankschreibung, aber er fühlte sich wie ein gefangener Tiger im Käfig. Sollte er seine Krankschreibung beenden und aufs Revier fahren? Dann könnte er noch einmal mit Ute reden und die Dinge klären. Andererseits würde er dann mit Routinekram zugeschüttet werden und könnte nicht mehr so einfach nach Hof zur Spedition fahren, um Frau Krohn zu befragen. Es würde ohnehin keinen Sinn haben, jetzt noch einmal auf Ute zuzugehen. Sie hatte keinen Zweifel daran gelassen, dass sie momentan nichts mit ihm zu tun haben wollte. Somit war es sinnvoller, doch noch einmal nach Hof zur Spedition zu fahren. Es gab dort eine Menge Dinge, die geklärt werden mussten.

Weber kannte die Strecke nach Hof inzwischen auswendig. Als er das Speditionsgelände befuhr, kam es ihm vertraut vor. Er ging ohne Zögern in das Büro von Frau Krohn. Auch sie empfing ihn nun, wie einen Bekannten. Ungefragt goss sie ihm schwarzen Filterkaffee ein. Routine hatte auch Vorteile. Frau Krohn kam unverzüglich zur Sache. »Krause hat von mir eine feste Tour zugeteilt bekommen, Südeuropa, speziell Spanien und Frankreich.«

»Wie kam es dazu?«, wollte Weber wissen.

Frau Krohn hob die Schultern, aber ihr Blick war verdächtig. »Er macht seine Sache gut, ist zuverlässig und ... Er ist gerade aus dem Knast gekommen. Ich will ihm auf die Beine helfen.«

Weber missfiel es, dass Frau Krohn ein Faible für Krause entwickelte. Aber er hatte keine Wahl. Frau Krohn war der beste Weg, um sich dicht an Krauses Fersen zu heften. Vielleicht ergab sich später eine bessere Möglichkeit, Frau Krohn aus ihrer offensichtlichen Geilheit auf Krause herauszuholen.

»Hat Krause etwas Verwertbares geliefert?«

Frau Krohn zündete sich eine ihrer stinkenden Zigarillos an. »Meinen Sie nicht, dass es an der Zeit ist, mir endlich zu sagen, worum es wirklich geht? Sie fragen nach verdächtigen Dingen. Aber was soll bitteschön verdächtig sein? Etwa ein Pornoheft, das Krause in seiner Fahrerkabine hat?«

»Moment!«, stieß Weber hervor. »Was genau war das für ein Heft?«

Frau Krohn lachte herzhaft. »Muss ich Ihnen erklären, was in einem Pornoheft zu sehen ist?«

»Natürlich nicht. Bleiben Sie sachlich. Was wurde in dem Heft thematisiert? Frauen, Männer, Kinder, Schwarze, was weiß ich?«

»Es ging um Sadomaso, gefesselte Frauen. Und Phallussymbole waren über die Haare der abgebildeten Frauen gemalt.«

Kriminaloberkommissar Weber notierte dieses ungewöhnliche Detail, da es möglicherweise ein Hinweis sein könnte. Seine Alarmglocken schlugen an. Das passte ins Bild. Krause, das perverse Schwein! Aber wie weit war eine reale Vergewaltigung oder sogar ein Mord davon entfernt? Im Grunde feierte Weber gerade nichts weiter als eine vermeintliche Rechtfertigung dafür, dass seine Suche begründet war.

»Ist alles in Ordnung?«, fragte Frau Krohn.

»Ja, ja. Ich war nur gerade in Gedanken. Wann kommt Krause zurück von seiner derzeitigen Tour?«

»Heute.«

»Ich brauche genaue Daten, wann er sich, wo aufgehalten haben könnte. Und bitte notieren Sie auch alle Abweichungen, die er von seinen Vorgaben machte.«

»Das meiste kann ich Ihnen sofort geben.« Sie schob ihm paffend eine Liste über den Tisch.

»Aber sagen Sie mal, Herr Kommissar, warum interessieren Sie sich eigentlich nur für Krause?«

»Ich erkundige mich ganz und gar nicht nur nach Krause.

Er ist lediglich der Mann, über den Sie bisher das meiste berichten konnten. Ich brauche natürlich über alle anderen Fahrer die gleichen Informationen.« Die Daten der anderen Fahrer interessierten Weber einen Scheiß. Jedoch musste er danach fragen, um seinen Fehler auszubessern. Doch es kostete wertvolle Zeit.

Durch das angekippte Fenster war das Brabbeln eines Lkw-Motors zu hören, kurz darauf das Zischen hydraulischer Bremsen. Frau Krohn erhob sich und sah aus dem Fenster. »Überpünktlich.« Sie wandte sich Weber zu. »Krause ist zurück.«

Weber erhob sich eilig. »Haben Sie einen Hinterausgang?«

»Kommen Sie mit.« Frau Krohn ging voraus, Weber folgte ihr durch einen krempeligen Gang, der zu einer Hintertür des Gebäudes führte. Weber drängte sich durch den Türspalt, den Frau Krohn ihm öffnete. »Ich lenke Krause ab, damit Sie unbemerkt in Ihren Wagen steigen und verschwinden können.«

»Gut. Ich melde mich wieder. Danke.«

Während der Rückfahrt nach Gera überkamen Weber depressive Gedanken. Er fragte sich, ob all dieser Stress und seine Besessenheit von der Jagd auf Krause wirklich etwas wert waren. Mit schwerem Herzen und missmutig erreichte er sein Zuhause. Weber sehnte sich nach Ute und begann zu überlegen, ob es vielleicht an der Zeit war, diesen ganzen Albtraum zu beenden und wieder Ordnung in sein Leben zu bringen.

KAPITEL EINUNDZWANZIG

Ich kehrte auf den Speditionshof zurück, ein Ort, an dem meine Geheimnisse gut versteckt sein mussten. Ich stellte meinen Lastwagen ab und kontrollierte, ob sich irgendwo im Führerhaus verräterische Spuren der Hure Ana befanden. Dann holte ich den Industriesauger aus der Werkstatt und reinigte den Innenraum gründlich. Anschließend säuberte ich ebenso akribisch die Oberflächen mit Seifenwasser. Ana und das Bild von dem kleinen Kind kamen mir bei dieser Arbeit in den Sinn. Ana gehörte zu den Menschen, deren Existenz ohne jeden Nutzen waren. Ich hatte sie von dem qualvollen Schicksal erlöst, sich so lange Männern hingeben zu müssen, bis sie niemand mehr haben wollte und sie sich dann in einer Gosse hausend mit Alkohol und Drogen so lange betäubte, bis der Tod sie erlöste. Ich hatte Anas Qualen verkürzt und ihr Leben hatte währenddessen die wertvollsten Momente erfahren: Sie war von mir unter vielen auserwählt worden, mir und meinen Trieben dienlich zu sein.

Ich hinterfragte mich immer wieder selbst, sodass mir manchmal Zweifel kamen, ob mein Weg der richtige war.

Doch die anschließende Begegnung mit meiner Chefin, Viola Krohn, sollte mir erneut die Abgründe der menschlichen Natur vor Augen führen. Sie war älter, eine Frau, die nach Lust und Verlangen hungerte, und sie schien in mir einen Wallfahrtsort für ihre heimlichen Bedürfnisse gefunden zu haben. Sie hatte mich eine Weile beim Reinigen des Führerhauses beobachtet, ich sah sie zufällig, als ich von dem Lastwagen herunterstieg. Ihr Blick war gierig, ihr Kehlkopf wanderte und sie kam unumwunden auf mich zu und griff mir in den Schritt. Ich konnte der Versuchung nicht widerstehen, denn in dieser Welt konnte ich keinen moralischen Kompass mehr erkennen. Doch es war nicht etwa ein Verlangen nach ihr, das mich antrieb, sondern die unausgesprochene Verschwiegenheit um unsere Geheimnisse, die uns beide sofort verband. Ihre Hand ruhte in aller Öffentlichkeit an meinem Schritt, ihr Blick tastete mich geil ab. Sie hatte ein schreckliches Geheimnis vor ihrem Mann und ich hatte ein schreckliches Geheimnis vor ihr und vor der ganzen Welt. Sie war nicht besser als eine Hure. Ich war ein Kaltmacher, ein Erlöser.

Sie drängte mich, zurück in den Lastwagen zu steigen, und folgte mir. Dann zog sie die Tür zu, schob ihren Rock hoch und zog sich eilig Strumpfhose und Slip aus. Ich stand in der Mitte, zwischen den Sitzen und sah ihr dabei zu. »Torsten«, hauchte sie und kniete sich vor mich. Geübt öffnete sie meinen Gürtel, zog meine Hose herunter und betrachtete mein Gemächt. »Wunderbar«, gab sie mit zitternder Stimme von sich, nahm mich in den Mund und blies so ausgezeichnet, wie ich es noch niemals erlebt hatte. Mit geschlossenen Augen ließ ich sie gewähren, bis ich sie zurückschob. »Halten Sie das wirklich für eine gute Idee?«, fragte ich. Geil war ich zwar. Aber ich wollte meinen Job nicht wegen eines Ficks mit einer alten Frau verlieren, deren Ehemann uns jeden Augenblick erwischen konnte.

»Nun mache dich mal locker, Torsten. Und sage Viola zu mir, verstanden?«

Sie war offensichtlich der Meinung, dass es mich anmachen würde, wenn sie sich dominant gab. Ich hasste sie dafür.

Wir fickten lange, was ihr hörbar gefiel, mir aber nicht. Ich musste mir krampfhaft die blonden Haare der ermordeten Hure Ana ins Gedächtnis rufen, um einen Orgasmus zu bekommen und dieses Schauspiel beenden zu können. Viola, wie ich sie von nun an nannte, zog sich Slip und Strumpfhose an und zottelte dann ihren Rock in die richtige Position. Ich knöpfte meine Hose zu.

»Bis morgen«, sagte sie und verließ meinen Lastwagen.

»Ja, bis morgen.«

Nach dieser seltsamen Begegnung kehrte ich zu Christa zurück, in die heile Welt, die ich niemals wirklich betreten konnte. Als ich die Haustür aufschloss, fragte ich mich, welche Geheimnisse Christa wohl verbarg. Ich hatte mich noch nie genauer in ihrem Haus umgesehen, um herauszufinden, ob sie vielleicht Handschellen im Nachttisch hatte oder Ketten im Keller von der Decke hingen. Ich würde das bei Gelegenheit nachholen.

»Willkommen, Torsten.« Christa empfing mich verdächtig kurzangebunden. Hatte sie etwas herausgefunden? Wusste sie von meinen dunklen Gelüsten? Wie immer griff sie nach meiner Lederaktentasche mit der Thermoskanne darin. Ich zuckte zurück. Christa sah mich erschreckt an.

»Entschuldige. Die Knastphobie ...«, spielte ich meine Reaktion herunter. Die Wahrheit war, dass sich in der Tasche meine frisch erbeuteten Trophäen von Ana befanden: eine Haarsträhne, ihr Slip, mehrere Polaroidbilder von Anas Leiche, aus verschiedenen Stellungen, als ich sie fickte. Außerdem befand sich das Bild ihrer Tochter in der Aktentasche. Allesamt Dinge, die Christa keinesfalls zu Gesicht bekommen durfte. Christa wich brav zurück. »Es gibt Hackbraten, ich hoffe, du hast großen Hunger.«

»Und ob.« Sie verschwand Richtung Küche. Ich sah ihr hinterher. Christas Haus sollte der Ort sein, an dem ich Trost fand, doch der Argwohn in mir erlaubte mir keine Ruhe. Ich hätte meine Trophäen nicht mit zu Christa bringen sollen.

Während des Essens wich Christa meinen Blicken aus, stellte nicht eine einzige Frage und pickte lustlos in ihrem Essen herum. »Es schmeckt wieder großartig, mein Schatz«, schmeichelte ich ihr.

»Dankeschön.« Ihr Lächeln zog sich übers ganze Gesicht.

»Ich möchte dich etwas fragen, Torsten.« Christa legte ihr Besteck zur Seite und sah mich mit wässrigen Augen an.

»Nur zu.« Ich aß weiter.

»Bin ich die Einzige in deinem Leben?«

Ich verharrte in meiner Bewegung, ließ die Gabel dann auf den Tisch sinken und sah Christa in die Augen. Sie begann zu weinen. »Du meinst, man kann mir nicht trauen, weil ich im Gefängnis war?« Ich erhob mich mit zorniger Miene, sie sah mich flehend an. Bevor sie etwas sagen konnte, brüllte ich sie an. »Du hast keine Ahnung, wie es gewesen ist, in der DDR gelebt zu haben. Und noch weniger hast du eine Vorstellung davon, unter welch fadenscheinigen Begründungen man in Bautzen landen konnte und wie es dort zuging.«

»Torsten, bitte ...« Christa huschte mit flehender Geste nahe an mich heran. Ich umklammerte eines ihrer Handgelenke. Es tat ihr weh, aber sie klagte nicht. »Ich kämpfe darum, ein normales Leben auf die Beine zu stellen. Ich gehe einer verdammt schweren Arbeit nach, schufte Tag und Nacht, und das ist das Einzige, was du dazu zu sagen hast?«

Tränen rannen über ihre Wangen. Ihr flehender Blick, ihre Unterwürfigkeit und meine Macht über sie, erregten mich überfallartig. Mein Glied versteifte sich in meiner Hose und ich konnte nicht anders, als Christa in die Knie zu zwingen, indem ich ihr Handgelenk brutal weiter in meiner Faust zusammenpresste. Ich hielt sie mit meinem Schraubzwingengriff vor mir kniend, öffnete mit der anderen Hand den Reißverschluss meiner Hose und holte meinen Ständer heraus. Christas Blick schwankte zwischen Angst und Geilheit. Sie nahm mich in den Mund, ich schob ihn bis zum Anschlag in ihr Maul. Kurz bevor sie daran erstickte, zog ich ihn wieder aus ihrem Mund. Sie japste nach Luft. Augenblicklich schob ich ihn wieder in ihren Mund, sie schluckte ihn bereitwillig. Dieses Mal hielt ich ihren Kopf mit beiden Händen fest und rammte ihr meinen Schwanz mit wilden Fickbewegungen ins Maul. Ihr Kopf ruckte, ihre Haare fielen über ihr Gesicht und sie griff in meine Arschbacken. Der Anblick ihrer Haare trieb mich in den Wahnsinn, ich zog meinen Schwanz schmatzend aus ihrem saugenden Mund heraus, rieb ihn und bekam nach wenigen Sekunden einen Orgasmus. Obwohl ich kurz zuvor meine Chefin gebumst hatte, war die Menge Ejakulat, die ich in ihre Haare spritzte, ansehnlich. Der Trieb in mir wollte nicht abebben, ich zerrte Christa in den Stand, schob sie grob zum Küchentisch und wischte das Geschirr mit dem Unterarm zu Boden. Sie zitterte, vielleicht vor Angst, vielleicht vor Geilheit. Ich legte sie auf den Tisch, schob eilig ihren Rock hoch und zog ihr flink die Strumpfhosen aus. »Gefällt dir das?«, raunte ich, nahe an ihrem Ohr und schob ihr dabei zwei Finger in ihre Öffnung.

»Aah«, stöhnte sie nur lustvoll. »Warte, es wird noch besser.« Ich verknotete die Fußenden ihrer Strumpfhose um ihren Hals, schwang das andere Ende unter dem Tisch hindurch und ging zur anderen Seite. Ich bückte mich, griff nach der baumelnden Strumpfhose und hielt das Ende in der Hand, als ich mich wieder aufrecht stellte. Christa lag breitbeinig vor mir auf dem Küchentisch und ich hielt den Strumpfhosen-Strang unter Spannung. Mein Blick glitt an ihr entlang. Ihr rotes Gesicht, ihre stehenden Brustwarzen und ihr bebender Unterleib sprachen Bände. Christa zog voller gieriger Erwartung ihre Schamlippen auseinander. Ich drang in sie ein, rammelte sofort los und zog das Ende der Strumpfhose strammer, sodass die Schlinge um ihren Hals sich verengte. Ihr Blick wurde panisch, noch immer getragen von Geilheit. Als sie scheinbar erstickte, bekam ich einen weiteren Orgasmus. Im selben Augenblick entließ ich das Ende des Strumpfhosen-Stranges aus meiner Hand, ging einen Schritt zurück und rang nach Atem. Christa schnappte hörbar nach Luft und hustete. Sie richtete sich auf, hielt ihren Hals, rutschte vom Tisch und lief aus der Küche. Ich warf ihr eine abwinkende Bewegung hinterher und ließ mich lachend auf einen Stuhl sinken. Dieser Sex war der beste, den ich jemals mit Christa hatte. Das mussten wir wiederholen.

Sie blieb lange Zeit verschwunden. Ich hatte inzwischen die zerschlagenen Teller und die Essensreste vom Boden aufgelesen, den Boden gesäubert und noch eine weitere Portion des leckeren Hackbratens vertilgt. Danach nahm ich meine Lederaktentasche, stellte die Thermoskanne in die Küche und setzte mich ins Wohnzimmer vor den Fernseher. Ich behielt die Aktentasche mit meinen Trophäen darin in Griffweite. Christa tauchte nicht auf. Ich schaute beiläufig einen Krimi, war aber mit meinen Gedanken woanders. Christa und ich waren keine Verbündeten mehr. Gequält von ihren anerzogenen Moralfesseln würde sie es niemals fertigbringen, sich zu ihren geheimen Wünschen zu bekennen. Das war der Anfang von Verrat.

Ich wusste, dass ich meine Schwester Yvonne anrufen musste, die Einzige, die mir etwas bedeutete. Seit ich im Gefängnis war, hatte sich unsere Verbindung verändert. Sie meldete sich nie bei mir, ich war derjenige, der anrief. Jedes Mal. Mein Herz schlug schneller, als der Anrufton in mein Ohr drang. »Hallo?«

»Yvonne, ich bin es, Torsten.«

Stille.

»Geht es dir gut?«, fragte ich.

»Ja.«

Die Kälte in Yvonnes Stimme, der Schmerz, den ich verspürte, und die Verachtung, die mir entgegenschlug, schnürten mir die Kehle zu. »Yvonne, gib mir doch eine Chance, dir alles zu erklären.«

»Was gibt es da zu erklären, Torsten? Du bist wegen Vergewaltigung verurteilt worden. Erwartest du etwa, dass ich das gutheiße?«

Ich bekam kaum Luft vor Verzweiflung und Angst, dass sie einfach auflegen würde. »Ich bin von einem Unrechtssystem verurteilt worden.«

Yvonne stieß einen Ton der Verachtung aus. »Wir reden hier nicht von Republikflucht, sondern von Vergewaltigung. Deine Art, immer anderen die Schuld zu geben, ist krankhaft. Du solltest dich wirklich in psychologische Behandlung begeben, Torsten.«

»Das tue ich. Seit meiner Entlassung bin ich in einer Therapie.«

»Ach ja? In welcher Einrichtung bist du denn?«

Ich hatte nicht ganz gelogen, denn ich hatte zur Auflage bekommen, dass ich eine ambulante Therapie machen sollte. Diese sogenannte Therapie bestand darin, dass ich alle drei Wochen für eine sogenannte Stunde zu einem Psychologen ging. Ein alter Mann, der mir vorkam, als würde er durch mich hindurchsehen und genau darauf achtete, dass die fünfundvierzig Minuten vorbei waren. »Es ist eine ambulante Therapie, eine Auflage der Justiz. Ich habe dabei schon viel verarbeiten können, ehrlich.«

Sie schien nachzudenken. Ich vergötterte Yvonne, buhlte um ihre Liebe. Doch die Verabscheuungswürdigkeit meiner

Seele hatte unsere Verbindung für immer beschmutzt. Yvonne konnte meine Taten nicht vergessen.

Ich zwang mich, mir meine Traurigkeit nicht anmerken zu lassen, überlegte rasend, wie ich verhindern konnte, dass sie das Gespräch beendete. »Ich habe eine Ausbildung zum Fernfahrer absolviert und auch schon eine Anstellung gefunden. Ich fahre von Hof aus Südeuropa an, Frankreich und Spanien. Vor einer Stunde bin ich gerade aus Spanien zurückgekehrt. Weißt du noch, dass wir früher oft davon geredet haben, dass wir einmal nach Spanien wollten?«

»Wieso denn Hof?«, war ihre einzige Reaktion.

»Weil die Spedition, für die ich arbeite, dort ist. Ich komme mit allen gut klar, meine Chefin ist ganz begeistert von mir. Ich habe mich geändert, Yvonne, hörst du?«

Abermals diese stechende Stille. Sie würde jeden Augenblick auflegen. Eine geniale Notlüge fiel mir ein, mit der ich Normalität und Harmlosigkeit vorgaukeln konnte. »Es gibt noch mehr gute Neuigkeiten.«

»Aha.«

»Ich werde heiraten.«

»Heiraten?«, wiederholte Yvonne mich mit schlingernder Stimme. Zum ersten Mal in diesem Gespräch spürte ich ihr Interesse.

»Ja, Christa ist ein wahrer Schatz und tut mir gut.« Sicherlich übertrieb ich. Aber da Yvonne endlich eine Reaktion zeigte, klammerte ich mich an dieses Hirngespinst. »Wir verstehen uns vom ersten Augenblick an. Sie redet oft genauso wie du.« Ich lachte, weil sich meine Lüge für einen winzigen Augenblick lang wie eine schöne Wahrheit anfühlte: eine Frau, die ein bisschen so war, wie Yvonne.

»Das ist eine tolle Neuigkeit, Torsten. Ich muss Christa demnächst kennenlernen. Nicht, dass ich sie erst zur Hochzeit zu sehen bekomme.« Yvonne klang begeistert, ich war der glücklichste Mensch auf der Welt.

»Mein kleiner Bruder heiratet«, sagte sie in einer Art Selbstgespräch. »Erzähle mir von dem Antrag, den du ihr gemacht hast. Wie hat sie es aufgenommen?«

Ich war in der Klemme. Doch ich wollte nicht zurückrudern, weil mir Yvonnes Interesse so guttat. Aber Christa, diese Frau, die sich an mich klammerte wie eine Ertrinkende an einen Rettungsring, wusste noch nichts von meiner angeblichen Heiratsabsicht. In Wahrheit war eine Hochzeit mit ihr das Letzte, was ich mir vorstellen konnte. Christa bot mir zwar eine gewisse Geborgenheit, einen Ort, an den ich mich nach meinen finsteren Taten zurückziehen konnte, aber heiraten? Niemals.

Das Telefonat mit meiner geliebten Schwester Yvonne hatte in mir eine eigenartige Euphorie ausgelöst. Endlich zeigte sie wieder eine gewisse Freundlichkeit mir gegenüber, doch ihre Fragen zwangen mich in ein Labyrinth aus Lügen und Ausreden. Ich wusste nicht, wie ich die fiktive Geschichte, die ich gesponnen hatte, aufrechterhalten sollte. »Ich erzähle dir bei Gelegenheit mehr, Yvonne. Einverstanden?«

»Gern. Du musst dich gewiss ausruhen, wenn du erst heute nach Hause gekommen bist. Und deine Christa wird auch noch etwas von dir haben wollen.«

»Ja.«

»Also, dann bis demnächst, Torsten. Gib mir rechtzeitig Bescheid, wann der Termin der Hochzeit ist.«

»Das mache ich.«

»Machs gut.« Dann legte sie auf. Ich hielt den Hörer lange in der Hand, starrte darauf und konnte dieses Gefühl von Glück und Freude, das mich in diesem Augenblick durchströmte, kaum fassen. Aber ich war gespalten. Einerseits erlebte ich Glückseligkeit, denn es war das erste beiderseitige Gespräch mit Yvonne seit einer Ewigkeit. Andererseits quälte mich die Ungewissheit darüber, wie ich meine erlogenen

Versprechen erfüllen sollte. Zu allem Überfluss bemerkte ich dann, dass Christa in der Tür stand. Christa, die ohnehin schon lange unter meiner schlechten Behandlung litt, hatte alles belauscht. Überschwänglich bedrängte sie mich, und ich spürte, wie die Uhr für Christa zu ticken begann.

»Du willst mich heiraten?« Ihre Stimme bebte vor Rührung. Ich sah in ihre Augen, die von Freudentränen glänzten. Ich musste zustimmen, denn was blieb mir anderes übrig? Doch mit dieser Zustimmung besiegelte ich ihr Schicksal, ohne dass sie etwas davon ahnte.

»Ich wollte dich überraschen.« Während ich Christa weiter anlog, spürte ich, wie sich der Drang, sie zu quälen, in mir weiter ausbreitete. Sie umarmte mich, ihr Gesicht fest an meine Brust gepresst, ihr Körper zitternd. Der Körper einer kleinen feigen Frau, die sich selbst verriet.

Ich wandte mich ab, um die Stehlampe einzuschalten. Der Lichtschein erhellte das Zimmer. Aber er konnte die Finsternis in meinem Inneren nicht vertreiben. Sie war ein Teil von mir, so tief verwurzelt wie meine Neigungen und mein Hass auf Christa.

Mein Blick fiel auf die Aktentasche. Ich setzte mich schlapp daneben, um ihren Umklammerungen zu entgehen.

»Ich muss Gerti anrufen«, eiferte sie wie eine Pubertierende. Christas beste Freundin, deren Bekanntschaft sie mir schon oft aufdrängeln wollte, was ich bisher verhindern konnte. Sollte sie doch ihre Scheißfreundin anrufen. Ich stützte meinen Kopf in die Hand, hörte Christa ununterbrochen von der bevorstehenden Hochzeit reden, ohne auch nur im Geringsten zu ahnen, welche verhängnisvolle Entscheidung sie gerade getroffen hatte.

Christa saß mit dem Telefon in der Küche, ihre aufgeregte Stimme drang bis zu mir ins Wohnzimmer. Ich schaltete den Fernseher ein. Das fahle Licht des Bildschirms spiegelte die unheimliche Stimmung wider, die mich umgab. Ich zog die

Aktentasche auf den Schoß, öffnete sie und fühlte den Slip der spanischen Nutte. Mit der anderen Hand tastete ich meinen Schwanz. Ich war ein mächtiger Mann, beherrschte Nutten, Christa und meine Chefin. Meine Autorität schien sich auf die gesamte Umgebung zu übertragen und sie alle waren Sklavinnen. Meine Macht wuchs, geradeso, als ob das Wurzelgeflecht der Hölle aus mir selbst herausquoll.

Ich schloss die Augen, während ich die Ereignisse des Abends Revue passieren ließ. Ein Netz aus Lügen hatte sich um mich gesponnen, und ich befand mich in der Mitte dieser Machenschaften. Ich wusste, dass die Zeit gegen mich arbeitete und dass ich meine Maske aufrechterhalten musste, um Yvonne nicht zu verlieren.

Doch ebenso war offenbar, dass ich damit ein Gefangener meiner eigenen Täuschungsmanöver war.

KAPITEL ZWEIUNDZWANZIG

Kriminaloberkommissar Dirk Weber saß am Schreibtisch in seinem Büro und starrte auf die belanglosen Dokumente vor sich. Es waren Monate vergangen, seit er zuletzt von dem vermeintlichen Serientäter Torsten Krause gehört hatte. Die Jagd war vorbei, weil er, Weber, damals beschlossen hatte, sein Leben zu ändern. Ute zuliebe. Alles hatte auf der Kippe gestanden, Ute hatte sich von ihm abgewendet und Weber war kurz davor gewesen, seinen Weg in den Abgrund der Einsamkeit in Alkohol zu ertränken. Aber er hatte die Kurve gerade noch bekommen, seine zwanghafte Verfolgung Krauses beendet und sich einem neuen Leben mit Ute zugewandt. Dieses neue Leben tat Weber gut. Der Druck, unter dem er gestanden hatte, war fort, seine Beziehung zu Ute hatte sich langsam wieder verbessert und er konnte ohne Tabletten oder Alkohol durchschlafen.

Wohlbehagen durchströmte ihn, als sein Blick zu dem Foto schwenkte, das rechts auf seinem Schreibtisch stand. Darauf sah er Ute verliebt an und umarmte sie von hinten. Beide lächelten in die Kamera, Ute sah glücklich aus und hatte diesen kindlichen Blick. Endlich, denn sie hatte viel zu oft seinetwegen geweint. Ute hatte das Bild in einen modernen Rahmen getan und ihm heimlich auf den Schreibtisch gestellt. Was für eine wunderbare Frau! Etwas Besseres konnte Dirk niemals passieren. Er strich mit dem Daumen über das Bild, träumte von den innigen Momenten, die sie in den letzten Wochen miteinander verbracht hatten, und sich nähergekommen waren, als je zuvor.

Kalte Hände legten sich plötzlich über seine Augen. »Buh!« Ute flitzte um ihn herum und setzte sich auf seinen Schoß. »Es ist Mittagspause, Herr Kriminaloberkommissar. Zeit, mich zum Essen einzuladen.« Als ihre Lippen seine berührten, durchfuhr ihn dieser angenehme Schauer.

»Einverstanden.« Ute hüpfte von Webers Schoß. Dirk erhob sich und sie betraten den Flur. Dort hielt er inne, als ein Kollege ein Fahndungsplakat an die Wand heftete. Die Überschrift des Plakats elektrisierte ihn augenblicklich:

> +++ *Weibliche Leiche in einem Waldstück nahe Barcelona gefunden* +++.

Weber ließ Utes Hand los und ging zu dem Plakat, las, wie in Trance.

> +++ Jagdhund spürte die Leiche einer jungen Prostituierten auf +++. Todesursache: Erwürgen. Post mortem Vergewaltigung ...

»Dirk? Ist alles in Ordnung?« Ute schmiegte sich an Weber und sah an ihm vorbei zu dem Plakat. Weber reagierte nicht. Kalter Schweiß stand plötzlich auf seiner Stirn, in seinem Kopf überschlugen sich irrwitzige Gedanken. »Krause!«, sagte er heiser.

Ute wich abrupt zurück. »Bitte sage mir, dass es nicht wieder losgeht.«

Dirk wandte sich Ute zu. »Die Leiche einer jungen Prostituierten mit Würgemalen ist von einem Jagdhund in Spanien gefunden worden«, rezitierte er die Meldung. »Die Frau wurde nach ihrem Tod missbraucht – das ist Krauses Handschrift, Ute!« Weber war wie elektrisiert.

Utes Lippen zitterten. »Das ist in Spanien passiert, Dirk. Deine Kollegen dort sind nicht weniger fähig, als du. Zudem ist Interpol involviert. Was kannst du also leisten, was die Kollegen nicht könnten?«

Weber ergriff Utes Schultern. »Das verstehst du nicht! Ich kenne Krause wie kein anderer. Wenn ich mich nicht darum kümmere, verlieren die Kollegen in Spanien unnötige Zeit. Zeit, in der weitere Frauen sterben könnten.« Weber wusste sofort, dass dies sein Fall war und dass die Jagd nach Krause noch lange nicht vorbei war. Der alte Instinkt brach aus ihm heraus, er konnte es kaum erwarten, dieses Monster zu fassen und endlich Gerechtigkeit für all seine Opfer herzustellen. Vor allem aber wollte er verhindern, dass immer neue Opfer hinzukamen.

»Das kannst du nicht von mir verlangen, Dirk«, erwiderte Ute mit wässrigen Augen. »Ich werde auf keinen Fall dabei zusehen, wie du schon wieder dein eigenes Leben gefährdest, nur um diesem einen Verbrecher hinterherzujagen.«

»Nur?«, blaffte er Ute an. »Torsten Krause ist ein brandgefährlicher und perverser Serientäter, der niemals aufhören wird, wenn er nicht gestoppt wird. Auch du könntest eines seiner Opfer werden, dann möchte ich dich mal hören.«

Neugierige Kollegen reckten die Hälse. Dirk und Ute ignorierten das.

Ute hob abwehrend die Hände, ihr Gesicht war rot und Tränen rannen über ihre Wangen. »Nein, Torsten. Nein! Du hast mir dein Wort gegeben. Das mache ich nicht noch einmal mit. Auf keinen Fall.«

»Was bedeutet das?«

»Du musst dich endgültig entscheiden: entweder deine irrwitzige Jagd oder ich.«

»Aber Ute, das ist mein Beruf, ich bin Kriminalbeamter.«

»Wir werden diese Diskussion nicht wieder bei null anfangen. Entscheide dich. Wenn du dabei bleibst, dass du Krause jagen musst, gib mich frei. Hier und jetzt. Lasse mich aus deinem Leben und gehe deinen Weg.«

»Das meinst du nicht ernst, Ute.« Dirk wollte sie umarmen, doch Ute wich mit einer erneuten Abwehrgeste zurück.

»Ich kann diese Angst um dich nicht mehr aushalten. Du richtest dich zugrunde. Ist ein Herzanfall nicht genug? Du warst alkoholabhängig und hast allen Menschen um dich herum vor den Kopf gestoßen. Ein Mord in Spanien! Das ist eine Angelegenheit des LKA oder des BKA, aber doch nicht deine. Bemerkst du nicht, wie sehr du dich verrennst? Nein, Dirk. Ich kann einfach nicht mehr.«

»Ich weiß selbst, dass es nicht einfach wird. Aber schau, ein solches Plakat verteilt Interpol nur in Ländern, die involviert sind.«

»Krause ist Deutscher und wurde hier geboren. Aus diesem Grund hat Interpol diese Information wahrscheinlich an uns geschickt. Ein normaler Routineablauf, Dirk.«

»Du bist Kriminaltechnikerin, Ute. Seit wann kannst du mir erklären, wie kriminalpolizeiliche Ermittlungen funktionieren?«

Ute wandte sich wortlos um und verließ Dirks Büro. Er sah ihr lange nach. Weber wusste, dass es dieses Mal kein Zurück geben würde. Ute hatte recht, aber er konnte nicht anders. Erforschend betrachtete er das Interpol-Papier. Einige Bilder waren darauf. Eines zeigte das Opfer, eine sehr junge Frau, die als Prostituierte beschrieben wurde. Und das Bild des Auffindungsortes ihrer Leiche: ein Müllcontainer.

Dirk Weber ging zurück zu seinem Arbeitsplatz. Er sah mit brennendem Herzen auf das Foto von ihm und Ute, das auf dem Schreibtisch stand. Entschlossen zog er seine Jacke an, packte seine Tasche und machte sich auf den Weg – die Angst im Herzen und das Ziel vor Augen: Spanien. Dies war sein Fall, und er würde ihn bis zum Ende verfolgen. Egal, was es kosten würde.

KAPITEL DREIUNDZWANZIG

In dieser scheinbar endlosen Nacht lag ich lange wach, gequält von hasserfüllten Gedanken an Christa. Sie schlief neben mir, zuckte unter Träumen. Ich lauschte ihrem leisen Atem. Christa klebte an mir, wie ein Parasit, und ich fühlte mich von Tag zu Tag mehr von ihr erdrückt. Wie zur Hölle konnte ich sie nur loswerden?

Verschiedene bizarre Szenarien, die mir in den Sinn kamen, trieben selbst mir einen kalten Schauer über meinen Rücken und waren zum Scheitern verurteilt. Dann hatte ich eine zündende Idee. Wenn ich Christa morgen einladen würde, mich auf meiner Lastwagentour nach Spanien zu begleiten, würde sie mit Sicherheit Feuer und Flamme sein. Das war es! Unterwegs konnte ich sie ausgiebig quälen, um sie schließlich mitten im Nirgendwo, weitab von der Zivilisation, zu entsorgen. Der Gedanke an die heulende Christa, die mit schmerzverzerrtem Gesicht alles erduldete, was ich ihr antat, war absolut erregend. Doch das Risiko war zu groß, selbst für jemanden wie mich, der keine Skrupel kannte. Unterwegs gab es zu viele Situationen, in denen man sie mit mir sehen konnte. Wenn ich nur daran dachte, wie oft sie pinkeln musste, wenn wir mit dem Auto unterwegs waren ... Nein, es musste ein anderer Plan her. Aber welcher? Zu einem Auftragskiller hatte ich keinen Kontakt und wahrscheinlich würde er so viel Geld verlangen, dass ich es mir nicht leisten konnte. Sollte ich ihr Schlaftabletten einflößen und einen Selbstmord fingieren, bevor ich wieder nach Spanien fuhr? Aber meine liebste Schwester Yvonne würde misstrauisch werden, denn welche Frau nimmt sich kurz vor der Hochzeit das Leben? Christas Freundin Gerti, der sie so überschwänglich von der Hochzeit erzählt hatte, wäre die Erste, die ihre Skepsis bei der Polizei melden würde. Ein Autounfall, ein fingierter Raubüberfall, ein Herzschlag, herbeigeführt mit einem Medikament – so vielversprechend einige Möglichkeiten auch waren, jede meiner Ideen war zu riskant, zu offensichtlich. Aber Christa musste weg, eine andere Wahl hatte ich nicht.

Oder vielleicht doch? Warum sollte ich Christa nicht heiraten? Ich setzte mich im Bett auf, da dieser Gedankensprung mich in Euphorie versetzte: Ich würde Christa heiraten, sie nach der Hochzeit umbringen und anschließend erben. Ich hatte keine Ahnung, wie viel sie besaß. Aber allein das Haus war ein kleines Vermögen wert. Ich würde es verkaufen und anschließend ein angenehmes Leben führen. Ich ließ mich wieder in mein Kissen sinken, schloss zufrieden die Augen und fiel rasch in einen tiefen Schlaf.

Der nächste Tag brach an, und ich musste ein Lächeln aufsetzen, als wäre nichts geschehen. Gespielter Friede, Freude, Eierkuchen, während ich innerlich vor Wut kochte. In Christas Augen glänzte noch immer die Festtagslaune über unsere angebliche Hochzeit. Für sie war ein Traum in Erfüllung gegangen. Für mich war es ein Albtraum, aus dem ich nicht erwachen konnte.

Christa wuselte aufgekratzt in der Küche umher, stellte das Radio lauter und machte alberne Tanzbewegungen. »Du musst unbedingt Gerti kennenlernen«, sagte sie und huschte zu mir, um mehrere Küsse über mein Gesicht zu verteilen. Lächeln, Torsten! In meinen Gedanken legte ich einen Strick um ihren Hals und zog so lange daran, bis ihre Beine in der Luft baumelten.

»Ich liebe dich«, sagte sie, setzte sich auf meinen Schoß und umarmte mich schmusend.

»Ich dich auch.« *Ich werde dich kaltmachen. Bald.*

Sie hüpfte von meinem Schoß. Nun sang sie auch noch zu dem Lied im Radio. Ich legte meine Hand vor die Augen und rieb mir angespannt das Gesicht. Der Knast im Westen sollte nicht halb so schlimm sein wie im Osten – vielleicht eine Option.

»Ich kann es noch gar nicht recht glauben, dass wir heiraten werden, Torsten.«

Das Wort »Heiraten« schien in Stein gemeißelt, unvermeidbar und gleichzeitig unerträglich. Ich sah mich selbst in einem bizarren Theaterstück gefangen, in dem die Maskerade unaufhörlich weiterging. Ich musste den Schein wahren, damit sich meine Schwester Yvonne weiter für mich interessierte. Aber wie lange konnte ich bei diesem Wahnsinn mitspielen?

Ich begann, mich mit dem Plan anzufreunden; einem perfiden Plan, der von Lügen und Täuschung durchzogen war. Ich musste zuerst mich selbst von der Einsicht überzeugen, dass diese Hochzeit der Weg in eine glückliche Zukunft war, obwohl ich genau das Gegenteil wollte. Ich musste mich genauso manipulieren, wie Christa, indem ich eine Märchenwelt schuf, in der Christa keinen Verdacht schöpfte.

Während ich am Küchentisch saß und scheinbar belanglose Dinge in einem kleinen Notizbuch festhielt, sann ich über meine nächtlichen Ideen nach, Christa so schnell wie möglich nach der Hochzeit aus meinem Leben zu verbannen. Ein Unfall? Ein plötzlicher Notfall nach meiner Abreise?

»Musst du nicht bald aufbrechen?«, fragte Christa und riss mich aus meinen Gedanken.

»Du hast recht.« Ich erhob mich. Lächelte. »Was würde ich ohne dich nur anfangen?« *In Ruhe leben vielleicht?*

Als ich sie zum Abschied küsste, drang ihre Körperwärme zu mir. Ich hätte einen Fick gut vertragen können. Aber nicht mit ihr. So wandte ich mich aus ihrer Umklammerung, nahm meine Lederaktentasche und packte Thermoskanne und Brotdose hinein (Rock, Haarsträhne und Slip der spanischen Nutte befanden sich in einer separaten Plastiktüte, welche ich heimlich in der Tasche verstaut hatte).

»Ich bin die glücklichste Frau der Welt.« Christa presste sich abermals an mich, gab mir nochmals einen Kuss und sah mir verlangend in die Augen.

»Ich werde in drei Tagen zurück sein.« Gespielt liebevoll rang ich mich dazu durch, den Kuss zu erwidern. »Es wird dieses Mal sehr anstrengend. Viele Stopps, viele Ladungen und jedes Mal kommt es zu irgendwelchen Verzögerungen, was die Speditionsleitung ja nicht interessiert. Entschuldige, wenn ich gerade abwesend auf dich wirken sollte.« Wie lange konnte ich mich ihr entziehen, ohne Verdacht zu erregen? Je länger ich diese Farce aufrechterhielt, desto tiefer grub ich mein eigenes Grab.

»Du lieber Himmel, Torsten! Du musst doch kein schlechtes Gewissen haben. Du bist ein schwer arbeitender Mann.« Sie küsste mich mehrmals. Wie ich das hasste.

»Komme nur gesund zurück nach Hause. Du wirst hier noch gebraucht.« Ihr Lächeln war echt und verlangend, meines gespielt und von innerer Qual getragen.

Als ich endlich die Haustür hinter mir schloss, spürte ich,

wie sich die Schlinge der Unwahrheiten um mich herum lockerte. Das Netz aus Lügen und Geheimnissen zog sich immer enger um mich, und ich fühlte mich gefangen in einem unwirklichen Albtraum. Nur hier draußen war ich frei von den Lügen und frei von Christa.

Die nächste Tour nach Spanien stand mir bevor. Diese Reise sollte etwas Besonderes werden.

KAPITEL VIERUNDZWANZIG

Kriminaloberkommissar Dirk Weber hatte Barcelona erreicht, doch er fand sich in einer völlig fremden Umgebung wieder, in der die Verständigung eine Herausforderung darstellte. Webers Spanischkenntnisse waren begrenzt und die Einheimischen sprachen zudem Katalanisch. Er hatte ein Bild von Torsten Krause dabei, zeigte es herum und fragte Menschen, ob sie diesen Mann schon gesehen haben. Die Reaktionen, die er erntete, waren Kopfschütteln oder abwehrende Gesten. Wenn er niemanden fand, der ihm bei seiner Suche nach dem Serienmörder helfen konnte, würde er seine Reise schnell wieder beenden müssen. Ob er wollte oder nicht, er würde sich an die hiesigen Kollegen wenden müssen. Er folgte dem Weg auf dem Straßenplan von Barcelona, bis er die Polizeistation endlich gefunden hatte. Dirk war nassgeschwitzt und Durst brannte in seiner Kehle. Ihm war nicht wohl beim Anblick des spanischen Polizeigebäudes. Er stellte sich in den Schatten des gegenüberliegenden Hauses. Wie sollte er die Dringlichkeit seiner Aktion klarmachen? In Sichtweite war eine schmale Seitenstraße, die Dirk neugierig machte. Bei genauerem Hinsehen entdeckte er ein kleines Café. Nun spürte er seinen Durst noch deutlicher.

Das Café lag versteckt, so wurde es von Touristen übersehen. Dafür waren alle Schattenplätze von Einheimischen besetzt. Weber nahm an einem Tisch in der Sonne Platz, seine Reisetasche bei sich am Boden. Ein Kellner kam flink zu ihm, Wasser und Espresso verstand er zum Glück. Zur Bestellung des Wassers gestikulierte KOK Weber, dass es eine große Menge sein sollte.

Die Wasserflasche beschlug augenblicklich in der Hitze. Weber trank gierig das erste Glas und goss gleich nach. Er starrte ziellos in die triste Umgebung, trank das zweite Glas und genoss anschließend den köstlich duftenden Espresso. Der kräftige Kaffee mit viel Zucker pumpte neue Kraft in seinen Körper, sodass er das Interpol-Plakat, das den Mord an einer Prostituierten in der Nähe von Barcelona beschrieb, aus seiner Reisetasche kramte und vor sich auf den Tisch legte. Er hatte es bereits unzählige Male angesehen und es gab wohl nichts, was er nun noch darauf entdecken konnte. Andererseits war es das Einzige, was er gerade tun konnte. Sein Herz schlug schnell, und sein Verlangen, den Täter zu finden, trieb ihn weiter an. Doch er wusste nicht, wo er anfangen sollte.

In diesem Moment betrat eine junge Frau in Polizeiuniform das Café. Sie hatte dunkle Haare und trug einen energischen Ausdruck in ihrem bildhübschen Gesicht. Ihr Blick suchte nach einem freien Platz, doch alle Stühle waren besetzt. Ohne nachzudenken, erhob sich Dirk, winkte der Polizistin zu und deutete auf den einzigen freien Stuhl, ihm gegenüber an seinem Tisch. Sie kam wie selbstverständlich auf ihn zu, sagte etwas, das er nicht verstand.

»Entschuldigen Sie, ich verstehe kein Spanisch.«

»Katalanisch!«, verbesserte die hübsche Polizistin ihn und setzte sich. Der Kellner brachte sofort einen Sonnenschirm.

Sie musste nicht bestellen, er wusste offensichtlich auch so, was sie wollte.

»Sie sprechen Deutsch?« Weber konnte seine Freude kaum unterdrücken.

»Meine Mutter ist Deutsche, mein Vater Katalane.« Der Kellner brachte ihren Kaffee und ein Glas Wasser. Weber konnte seine Augen nicht von ihr abwenden, als sie ihre vollen Lippen an die Tasse setzte. Als sie seine Blicke bemerkte, schenkte sie ihm ein Lächeln. Sie stellte die Tasse ab und reichte die Hand über den Tisch. »Ich bin María Álvarez Sánchez Grothe.«

Weber nahm ihre Hand. »Angenehm. Dirk Weber aus Deutschland.«

»Verbringen Sie hier Ihren Urlaub?«

»Nein, ich bin beruflich hier.«

Dirk war sich unsicher, warum María ihn so aufmerksam im Blick behielt.

»Was machen Sie beruflich?«

»Ich bin bei der Kriminalpolizei.«

»Das habe ich mir schon gedacht.« María deutete auf das Fahndungsplakat, das noch immer ausgebreitet vor Weber auf dem Tisch lag. Sie nippte abermals an ihrer Tasse, in Webers Innerem stieg bei ihrem Anblick Hitze auf. Er knetete unter dem Tisch nervös seine Hände, riss sich aus seine aufkommenden schwärmerischen Gedanken. Sie war Polizistin, somit konnte die Bekanntschaft dieser Frau womöglich nützlich sein. »Ich suche nach Informationen über einen Mord in der Nähe von Barcelona.«

Weber drehte das Plakat zu María. »Ich verfolge einen möglichen Verdächtigen.«

»Ein Deutscher könnte der Mörder sein?«

»Davon bin ich überzeugt. Ich habe den Mann schon längere Zeit im Visier.«

María trank ihren Kaffee aus. »Respekt, Herr Kollege. Der

Mord an der Prostituierten weckt bei meinen Kollegen kein sonderliches Interesse. Denen war es schon nicht recht, dass Interpol involviert ist. Wenn Sie jetzt auch noch hier auftauchen ...«

»Eine junge Frau ist ermordet worden, wie kann einem so etwas gleichgültig sein?« Weber beugte sich vor. »Hören Sie, ich brauche Hilfe, sonst komme ich hier nicht weiter. Könnten Sie ...«

María stoppte Dirk Webers Eifer. »Ich teile die Meinung meiner überzähligen männlichen Kollegen keinesfalls. Aber allein kann ich so gut wie nichts ausrichten.«

Weber griff überraschend Marías Hand, sah sie mit großen Augen an. »Dann helfen Sie mir, María.« Im selben Augenblick erschrak er über sich selbst. María hingegen schien sein Vorstoß zu gefallen. Dirk zog seine Hand wieder zurück.

María deutete auf die Reisetasche neben Dirk. »Haben Sie schon ein Hotel gefunden?«

»Nein, ich ...«

»Wenn Sie bei der Arbeit so schlecht organisiert sind, wie Sie reisen, überlege ich es mir noch anders.« Sie lachte. Dirks Herz wummerte.

»Heißt das, dass Sie mir helfen?«

María nahm ein Notizbuch zur Hand, schrieb etwas hinein, riss dann die Seite heraus und gab sie Dirk. »Das ist die Adresse eines Hotels. Darunter die Adresse einer Bodega gegenüber, wo wir uns heute Abend um sieben treffen.« Sie erhob sich, Dirk stand ebenfalls auf, reichte ihr die Hand. »Danke.«

María sah an ihm entlang. »Duschen Sie bloß, ich mag schlecht riechende Männer nicht.« Dann zwinkerte sie ihm zu, wandte sich um und schritt zurück zum Polizeirevier.

. . .

Weber zahlte, nahm ein Taxi und ließ sich zu dem Hotel fahren, das María ihm aufgeschrieben hatte. »Du wollen Nutte?«, fragte der Taxifahrer. Dirk wedelte ablehnend mit den Händen und sah demonstrativ aus dem Seitenfenster. Ausgerechnet. Das hatte ihm noch gefehlt!

Das Hotel war ein edel wirkendes Haus. Als Weber seine Reisetasche aus dem Kofferraum des Taxis hob, kamen ihm Zweifel, ob er sich diese Unterkunft leisten konnte. Er nahm Marías Zettel zur Hand und verglich den Namen des Hauses. Der stimmte. Sie hatte auch ihren Namen auf dem Zettel vermerkt, wie er nun feststellte. Hätte er die Empfehlung dieses Hotels nicht von María erhalten, wäre er mit Sicherheit woanders abgestiegen. So aber betrat er die noble Vorhalle und ging auf den Tresen zu. »Guten Tag. Sie sind mir empfohlen worden.« Dirk legte den Zettel auf den Tresen. Der Portier sah kurz darauf. »Oh. Señora Álvarez Sánchez Grothe! Selbstverständlich Señor.« Überrascht nahm Dirk die plötzliche Zuvorkommenheit des Portiers zur Kenntnis. Er reichte den Schlüssel über den Tresen, der Hotelboy nahm ihn, hob Dirks Reisetasche auf und ging voran. Dirk folgte ihm. Mit dem Lift fuhren sie in die sechste Etage. Als der Hotelboy die Tür zum Hotelzimmer öffnete, wollte Weber endgültig auf dem Absatz kehrtmachen. Diese Suite lag eindeutig über seiner Gehaltsklasse. Der Hotelboy stellte Dirks Tasche auf die Ablage im Empfangsbereich, verneigte sich kurz und blieb in Erwartungshaltung vor Dirk stehen. Weber nahm einen Fünfmarkschein aus dem Portemonnaie und reichte ihn dem Bediensteten.

Als sich die Tür mit einem kaum hörbaren Schmatzen hinter dem Hotelboy schloss, sah Weber sich vorsichtig um. So etwas hatte er bisher nur im Film gesehen. Die Suite bestand aus einem Hauptraum, der allein schon größer war als Webers gesamte Wohnung. Die Einrichtung sah so teuer aus, dass er sich kaum wagte, etwas zu berühren. Es gab noch ein Schlafzimmer, das viel zu groß war, ein Esszimmer und ein Badezimmer, das er nun betrat. Weißer Marmor und goldfarbende Hähne! Weber konnte nicht widerstehen. Er legte seine Kleidung ab und ließ es sich für eine halbe Stunde unter der Dusche gutgehen. Als er parfümiert in den großen Raum zurückkam, stand ein Servierwagen vor dem Esstisch. Neugierig hob er die silberne Glocke. Köstlicher Bratenduft kam ihm entgegen, sein Magen begann, zu grummeln. Er setzte sich, aß von dem Rindfleisch und den unzähligen kleinen Köstlichkeiten (er mied Zwiebeln und Knoblauch), bis er satt und zufrieden war.

Noch knapp zwei Stunden, bis er sich mit María traf und die Zeit wollte nicht vergehen. Mit Herzklopfen machte er sich viel zu früh auf den Weg zur Bodega. Es waren noch viele Plätze frei, er wählte einen abgelegenen Tisch, setzte sich und bestellte ein Wasser. Eine Frau wie María ließ ihre Verabredungen bestimmt warten. Ungeduldig sah er den Menschen zu, die zunehmend eintrafen, sich umarmten und gut gelaunt Platz nahmen, um zu reden und zu trinken. Die Musik wurde lauter, Weber genoss den angenehmen Klang der Sprache und die fremdländische Atmosphäre. Er war bis dahin noch nie in Spanien gewesen. Überhaupt hatte er sich im Leben kaum Zeit für Annehmlichkeiten genommen, immer stand die Arbeit im Vordergrund. Er musste an Ute denken, an ihre bitteren Tränen, die sie wegen ihm so oft vergoss. Es war gut, dass sie ihn verlassen hatte. Sie hatte etwas Besseres verdient. Weber bekam Lust, sich zu betrinken.

Unweigerlich wandte er sich herum, als María die Bodega betrat. Der Raum schien durch sie zu erstrahlen. Sie trug ein eng anliegendes rotes knielanges Kleid mit Spaghettiträgern und Hackenschuhe. Ihre kastanienbraunen Haare fielen offen über ihren ganzen Rücken. Weber erhob sich, schluckte, er spürte seinen Puls im ganzen Körper. María winkte ihm kurz zu. Dass María eine gute Figur hatte, konnte Dirk vorhin schon erahnen, als sie noch ihre Uniform trug. Aber in diesem roten Kleid kam ihr Körper derartig zur Geltung, dass Weber kaum klare Gedanken fassen konnte. Endlich hatte sie die Begrüßung irgendwelcher Leute beendet und kam auf Weber zu. Ihr Lächeln paralysierte ihn.

»Ein schöner Platz«, sagte sie, kam nahe an ihn heran und gab ihm einen Kuss auf die Wange. Der Duft ihres Parfüms wehte zu Dirk herüber. Wie automatisch legte er seine Hand dabei auf ihren Rücken. Der Stoff des Kleides war hauchzart. Es fühlte sich an, als würde er ihren Körper berühren. Sie nahmen Platz, María winkte den Kellner zu sich. Während sie bestellte, spürte Weber im Geiste noch einmal ihren Körper unter seiner Hand. Er hatte keinen Slip gespürt, als seine Hand an ihr entlanggeglitten war. Weber unterdrückte die aufkommenden Bilder ihres nackten Körpers schnell wieder.

Sie schob eine Dokumentenmappe zu ihm herüber.

»Was ist das?«

»Die Akte des Mordes an der Prostituierten.«

Weber sah sich kurz um, bevor er die Unterlagen aufschlug. Der Platz war genial, sie hatten die Wand im Rücken. Er sah sich die Bilder an, María erklärte ihm, was jeweils dazu in der Akte geschrieben war. Sofort erkannte er Parallelen zu den Taten von Torsten Krause.

»María, das sind die gleichen brutalen Vorgehensweisen, die ich von Torsten Krause kenne. Aber wie können deine Kollegen das nur so übergehen?«

»Ganz meine Meinung. Dieser Mord in Barcelona war von keinem großen öffentlichen Interesse. Weder ein Polizist noch ein Staatsanwalt scheinen sich wirklich dafür zu interessieren. Die Touristensaison ist im Gange, und die Stadt will keine negative Presse.«

Weber schüttelte den Kopf, María eiferte weiter. »Ich teile deine Empörung über die Gleichgültigkeit der örtlichen

Behörden und Medien. Ich verstehe auch deinen Drang, den Mörder zu fassen. Ehrlich gesagt bin ich sehr glücklich darüber, denn endlich gibt es jemanden, der ähnlich denkt, wie ich.«

Weber war erleichtert und ließ den weiteren Verlauf des Abends zwangloser vergehen, denn er hatte María auf seiner Seite. Mehr konnte er nicht erwarten, hätte er weiter Druck aufgebaut, wäre vielleicht alles ins Gegenteil gekippt. So aber lachten María und er häufig, sie tranken viel und sie berührten sich oft beiläufig. »Woher kennst du dieses Hotel, María? Es ist unglaublich schön und mondän. Ich befürchte nur, dass es für das Gehalt eines deutschen Kriminaloberkommissars eine Kragenweite zu groß ist.«

María lachte herzlich. »Oje, habe ich dir das nicht gesagt? Es gehört meinen Eltern. Du wohnst natürlich kostenlos.«

Webers Bewunderung für María wuchs weiter. Sie war nicht nur wunderschön, sie kam auch aus reichem Hause. »Bist du verheiratet?«, entfuhr es ihm, ungeschickt, wie er oft war.

»Ich und heiraten? Wozu? Mir geht es gut, so wie es ist. Wozu soll ich mir einen Mann ins Haus holen?«

Weber verstand ihre Argumentation. »Manchmal ist es einfach schön, eine vertraute Person an seiner Seite zu haben, denke ich. Was ist das Leben ohne jemanden, dem man vertraut, vielleicht sogar liebt?«

Ohne es zu wollen, hatte Weber einen wunden Punkt getroffen. Marías Augen wurden wässrig. »Lass uns über etwas anderes reden. Wie sieht es in deinem Leben aus? Bist du mit jemandem zusammen?«

Weber hob kurz die Schultern. »Ich habe es versaut.«

Der Kellner kam an Marías Seite, sie deutete ihm, die

zweite Flasche Rotwein zu bringen. »Versaut? Erzähle, was ist passiert?«

Wo sollte Weber anfangen? Was sollte er lieber verschweigen? »Du bist Polizistin und wirst es kennen: der beziehungsfeindlichste Beruf der Welt.«

»Nur zu gut.«

»Ich liebe meinen Beruf. Das kann aber nicht jede verstehen. Manchmal verfluche ich mich dafür. Aber ich kann nicht anders, wie zum Beispiel in dem Fall unseres Mörders. Ich habe diesen Mann schon lange im Blick, kann ihm aber einfach nichts nachweisen. Meine ehemalige Freundin war der Meinung, dass ich es einfach dabei belassen sollte. Schließlich sei sogar Interpol involviert. Pah! Interpol. Als ob die einen Zauberstab hätten.«

Der Kellner füllte gekonnt beide Gläser und flitzte weiter. Weber hatte schon einen sitzen, zumal er eigentlich seit geraumer Zeit keinen Alkohol mehr trank. Aber es tat ihm gut. In Plauderlaune beugte er sich über den dunklen knorrigen Holztisch zu María vor. »Ich werde nicht zur Ruhe kommen, bis dieses Schwein im Gefängnis sitzt. Verstehst du das?«

María war so nahe vor seinem Gesicht, dass er ihre Wärme wahrnahm. Ihr Blick machte ihn willenlos. »Und ob ich das verstehe, Kriminaloberkommissar Dirk Weber.« Unvermittelt küsste sie Dirk. Er hatte in diesem Augenblick das Gefühl, er würde innerlich explodieren, vor Glück. Diese wunderschöne Frau, die er gerade erst kennengelernt hatte ... Er erwiderte Marías Zärtlichkeit. Alles drehte sich um ihn herum und er war sich sicher, dass er noch nie im Leben so intensiv für einen Menschen empfunden hatte. Wie weit würde dieser Abend führen? Dirk wagte es nicht, María auf sein Zimmer zu bitten. Dennoch befanden sie sich eine Stunde später genau dort, um es wie verrückt miteinander zu treiben.

. . .

Als Dirk Weber am nächsten Morgen die Augen öffnete, kamen die Erinnerungen an die gestrige Nacht sofort zurück. Eine Nacht voller Leidenschaft und Hingabe. Er erhob sich aus dem überbreiten Bett. Seine Kehle brannte vor Durst, sein Schädel brummte und er hatte das Gefühl, auf Eiern zu laufen. Wo war María? Ihre Kleidung war fort – sie war fort. Dirk hätte so etwas erwarten müssen. Eine so schöne Frau, die zudem auch noch Erbin eines Luxushotels war, würde sich nicht enger auf einen Polizeibeamten aus Thüringen einlassen. Eine wundervolle Affäre, dennoch war er enttäuscht.

Als er Richtung Badezimmer ging, spürte er einen weichen Gegenstand unter seinem Fuß. Er trat zurück, sah zum Boden. Ein Haargummi. Dirk hob ihn auf, hielt ihn lange in der Hand und legte ihn dann bedächtig auf einen flachen Tisch im Wohnbereich. Er ging weiter. María war eine unglaubliche Frau, wunderschön, intelligent und zudem eine leidenschaftliche Kriminalistin. Vielleicht sollte er ihr sagen, dass er sich mehr vorstellen könnte als eine gemeinsame Nacht. Jedoch hatte er bisher keine guten Erfahrungen damit gesammelt, Gefühle zu äußern. »Vergiss es einfach!«, brüllte er seinem Spiegelbild entgegen. Aber das sollte sich als nicht so einfach herausstellen.

Dirk trat nach einer ausgiebigen Dusche aus dem Badezimmer und zuckte zusammen, als María im Wohnbereich saß.

»Hast du mich erschreckt!«, patzte er sie an.

»Dir auch einen guten Morgen, Dirk.« María erhob sich, kam auf ihn zu. Ihr Blick allein brachte sein Blut zum Kochen. Dann entknotete sie das Badehandtuch, das er um seine Hüften geschlungen hatte.

KAPITEL FÜNFUNDZWANZIG

Unwissentlich hatte Christa ihr eigenes Ende besiegelt, als sie das Telefonat mit meiner Schwester belauscht hatte und sich aus diesem Umstand heraus jenes leidige Thema Hochzeit ergeben hatte. In meinem Inneren brodelte eine Stinkwut, und während ich stundenlang Richtung Süden fuhr, konnte ich nur an zwei Dinge denken: Wie konnte ich Christa loswerden, und wo in aller Welt würde ich die nächste Prostituierte finden, die mir den Nervenkitzel bot, den ich so dringend brauchte? Ich brauchte eine Frau mit schönen langen Haaren, in denen ich wühlen konnte. In meinen Fingern juckte es mich, den Hals einer Frau zu würgen, bis sie schlaff unter mir wird. Nur noch wenige Stunden, und mein Verlangen würde gestillt werden.

Die Fahrt nach Barcelona verlief ohne Verzögerungen, das veränderte jedoch nichts an meiner inneren Zerrissenheit. Während ich die Kilometer zwischen Deutschland und meinem Ziel zurücklegte, hatte sich der Hass auf Christa in mir vertieft. Die Gedanken an ihre Unterwürfigkeit und an ihre Freude über unsere angebliche Hochzeit quälten mich.

Sie sollte bald die Konsequenzen für ihre naiven Hoffnungen und ihr Vertrauen spüren.

Erst die Arbeit, dann das Vergnügen – wie immer erledigte ich zuerst meine Tour, lieferte Mehl in einer Fabrik am östlichen Stadtrand von Barcelona ab und fuhr dann zurück Richtung Norden. Ich erinnere mich noch genau an diese Nacht. Die Nacht, in der ich sie gefunden habe – die perfekte Beute. Ich kannte die dunklen Plätze, an denen die Mädchen standen. Aber da war an diesem Tag keine, deren Haare mir gefielen. Meine Verzweiflung stieg, als ich keine fand, die zu meinem Vorhaben passte. Ich dachte schon daran, die einschlägigen Gegenden einer anderen Stadt zu erkunden, da sah ich sie. Im Lichtkegel meiner Scheinwerfer schimmerten ihre blonden Haare. Diese offene blonde Haarpracht, die voll und wallend bis zur Taille reichte, elektrisierte mich sofort. Ich bremste geradewegs. Sie war jung und hübsch, eine Prostituierte auf der Suche nach einem schnellen Geldverdienst. Und ich war ihr Retter in ihrer Notlage.

Als sie in meinen Lkw stieg, ahnte sie nichts von meinem wahren Vorhaben. Sie nahm auf dem Beifahrersitz Platz, ich fuhr eilig weiter.

»Ich bin Flora und bin eigentlich Studentin«, sagte sie in beinahe akzentfreiem Deutsch. Sie sprudelte vor Naivität und Leichtgläubigkeit. Ich wollte sie mir genauer ansehen, aber im selben Augenblick bremste der Wagen vor mir, sodass ich meinen Blick auf der Straße ließ. »Du sprichst Deutsch?«, fragte ich.

»Ja, ich studiere Deutsch, Germanistik und Philosophie.«

Die Redseligkeit des Mädchens nervte zwar, erfüllte jedoch einen guten Zweck. Flora konnte dadurch schnell Vertrauen zu mir fassen. Ihr Fehler!

Als Studentin musste sie mindestens zwanzig sein. Jüngere waren mir lieber. Ich warf einen schnellen Blick zu ihr. Diese Haare zogen meine Blicke magisch an, so etwas hatte ich noch nie gesehen. Ich bebte innerlich vor Triebhaftigkeit.

»Da vorn ist ein großer Parkplatz, den kannst du befahren.«

»Nein, da stehen zu viele Autos, ich fahre ein kleines Stück weiter.«

Sie schwieg zu meinem Vorschlag, ich konnte spüren, dass sie sich unbehaglich fühlte. Vielleicht war es ja doch ein Vorteil, dass sie nicht mehr ganz so blutjung war. Diese halben Kinder hatten den großen Nachteil, dass die unbeherrscht und frech waren. Floras Zurückhaltung erregte mich. Sie würde alles tun, was ich verlange, wenn ich erst einmal einen Strick um ihren Hals gelegt hatte und sie um ihr Leben kämpfen musste.

»Ich mache das, weil ich wissen will, welche Menschen ihre Körper anbieten und welche Menschen diese Angebote nehmen«, sagte sie aus dem Zusammenhang gerissen. Ich wusste nicht, was ich sagen sollte.

»Was ist das für eine Zeit, in der Menschen für Liebe Geld bezahlen?«

»Wenn es dir lieber ist, gebe ich dir kein Geld.«

Flora lachte. »Vielleicht tue ich das irgendwann einmal. Bist du öfter in der Gegend? Dann können wir uns wiedersehen.«

»Ja.«

»Fein. Dann besuchst du mich ab und zu?«

Ich musste ja freundlich zu ihr sein. »Versprochen.« Zum Glück war der Weg, zu dem abgelegenen Grundstück mit den Lagerhallen endlich zu sehen. »Wir sind bald da. Es wird dir gefallen.« Ich erzählte ihr übergangslos eine Geschichte über mich – eine einfache Ablenkung während des Wartens darauf, dass wir unseren Zielort erreichten. Ich konnte spüren, wie Floras Neugierde wuchs, als wir ankamen und sie aus dem Fenster blickte, um den Ort zu erkunden. Sie legte ihre

Hände gegen die Seitenscheibe des Lastwagens und spähte neugierig umher. »Wo sind wir hier eigentlich?«, fragte sie kindlich und deutete mit dem Finger auf das Gebäude am Horizont.

Ich lächelte nur angeberisch und wiegelte ab: »Ach das? Nur ein altes Lagerhaus.«

Doch nur ich selbst kannte die Wahrheit über diesen Ort: Er würde ihre letzte Station sein. Und beinahe wurde mir dieser Moment sympathisch – doch dann kehrten meine dämonischen Gedanken zurück. Mein Verlangen zu töten wurde immer größer – es trieb mich dazu an, alles möglichst schnell hinter mich zu bringen, damit meine Gier befriedigt werden konnte.

Ich lenkte meinen Sattelschlepper von der Landstraße herunter, hin zu dem schlecht beleuchteten Parkplatz vor der heruntergekommenen Halle. Das Schicksal dieser jungen Frau wurde bereits besiegelt, sobald wir unseren Zielort erreichten; ein dunkler Ort voller Müllcontainer, versteckt zwischen Lagerhallen fernab jeglicher Zivilisation – weit weg von neugierigen Augen oder Ohren.

Kaum, dass ich den Sattelschlepper anhielt und den Motor abstellte, begann Flora, sich zu entkleiden. Ich gab ihr die Geldscheine, die ich vorher bereitgelegt hatte, und setzte mich wieder in meinen Fahrersitz. Sie nahm das Geld und verstaute es in einer kleinen Handtasche. Nun konnte ich sie endlich genauer ansehen. Ihr Körper war schlank, ihre Haut glatt und ihr Haar wirkte gespenstisch sexy. Flora schaltete das Radio ein, wog ihren Körper seicht zur Musik und gab sich wie eine alte Bekannte. In ihrer zutraulichen Art kam sie sehr nahe, sodass ihr Atem gegen mein Gesicht strich. Aber ich ließ keine Zweifel daran offen, wer hier der Boss war. Ihr Blick war verführerisch. Sie öffnete spielerisch meine Hose, während ich mein Hemd aufknöpfte. Ich spürte ihre Wärme, als sie sich langsam über mich beugte. Ihre weiche Hand legte sich um mein erregtes Glied. Dann glitt sie an mir herunter, stülpte mir ein Kondom über und begann, mich mit dem Mund zu befriedigen. Mein Blick fiel unweigerlich auf ihren Hinterkopf und ihre wunderschönen Haare. Es war so erregend wie noch nie, dieses naive Mädchen, diese unglaublich schönen Haare und mein Schwanz in ihrem Mund. Mit zitternden Fingern berührte ich ihre Haare, wollte darin wühlen, in Gedanken an ihren nahen Tod schwelgend.

Flora war eine atemberaubende Frau – schlank und kurvig zugleich mit vollen Lippen und einem verführerischen Blick. Sie gefiel mir sehr gut, aber dann machte sie eine überraschende Meidbewegung. Erschreckt krallten meine Finger sich zusammen, Flora erhob sich ruckartig und ich stieß einen grellen Schrei aus. »Eine Perücke!« Flora trug eine verdammte Perücke und hatte in Wirklichkeit eine Glatze!

Wie konnte sie es wagen, mich zu täuschen, mich, den gefürchteten Torsten Krause? Sie hatte meine dunkelsten Instinkte beleidigt. Die Wut stieg in mir hoch wie ein Tsunami. Wie konnte sie so dreist sein? Hatte sie gedacht, dass ich das nicht merken würde?

»Was zur Hölle soll das?«, schrie ich, meine Fäuste ballend.

Floras Augen weiteten sich vor Angst, während meine Stimme durch den Raum hallte.

»Ich wollte nur … dass du mich schöner findest«, stotterte sie leise.

Meine Hand klatschte gegen ihr Gesicht und ließ ein rotes Abdruckmuster zurück.

»Lügnerin!«, brüllte ich. »Du hast versucht, mich zu täuschen!«

Sie griff nach ihrer Kleidung, doch ich war schneller, ein Faustschlag ins Gesicht, ein Tritt vor die Brust und sie sackte röchelnd zusammen. Die Sekunden nutzte ich, griff den Strick aus der Schlafkoje und legte ihr die Schlinge um den

Hals. Beinahe wehrlos starrte Flora mich ungläubig aus aufgerissenen Augen an. Ich fädelte den Strick durch einen Haltegriff über der Beifahrertür und zog ruckartig daran. Jede meiner blitzartigen Zugbewegungen ließ Floras zuckenden Körper ein Stück weiter emporsteigen. Sie versuchte, ihre Finger zwischen den Strick und ihren Hals zu schieben. Erfolglos. Ich zog weiter an dem Seil, bis ihre Füße in der Luft zappelten. Das Ende des Strickes verknotete ich am Gestell des Beifahrersitzes. Flora gab Zischlaute von sich, ihr nackter Körper verursachte Quietschgeräusche an der Seitenscheibe in ihrem Rücken und ihre Hacken schlugen dumpf gegen Beifahrertür und Boden. Ihr Blick wurde fahrig. Noch immer rang sie gegen die Schwerkraft, vergebens. Ihr Gesicht war bereits blau, sie versuchte noch immer vergeblich, ihre Finger zwischen Strick und Hals zu schieben. Ich stand vor ihr, umfasste ihre Handgelenke und drehte ihre Arme seitlich nach unten. Blutende Stellen an Hals und Fingern wurden sichtbar. So hielt ich sie und wartete darauf, dass die Äderchen in ihrem Augenweiß platzten und ausliefen. Sterbende Mädchen haben alle den gleichen ungläubigen Blick in diesen letzten Momenten. Sie realisieren ihre Machtlosigkeit und begreifen die Tatsache, dass der Tod seine Klauen nach ihnen reckt.

Ich sah an ihr herunter, sie ließ Urin. Angeekelt wandte ich mich ab von ihr. Die Reinigungsarbeiten würden viel Zeit beanspruchen. Wollüstige Mordlust hatte von mir Besitz ergriffen und bevor ich zurückweichen konnte, pisste die Sterbende. Das sollte sie bereuen! Ich hob sie wenige Zentimeter an, damit sich die Schlinge um ihren Hals lockerte, und sie ein paar Züge Luft schnappen konnte. Ihre Qualen sollten sich verlängern. Begleitet von einem absurden Pfeifton sog sie Luft ein – einmal, zweimal, dreimal. Dann überließ ich sie langsam wieder der gnadenlos abwärts zerrenden Kraft ihres eigenen Körpergewichts. Ihre Augäpfel quollen aus den

Höhlen, Speichel und Kotze rannen aus ihrem Mund. Es ekelte mich unbeschreiblich. Noch nie hatte sich eine so aufgeführt wie Flora. Allerdings war sie auch die Erste, die ich so genießerisch strangulierte. Ich hatte mich in Gedanken so sehr darauf gefreut, dass ein Mädchen dort oben baumelt, ich mich auf den Boden legte und mein Werk bewunderte. Geduldig wartete ich auf diesen Augenblick, in dem der letzte Hauch des Lebens aus ihr entwich.

Ihre letzten Regungen bestanden aus schwachen und unregelmäßigen Zuckungen, als ob ihr Körper gegen mein Töten gekämpft hätte. Ich löste den Knoten des Strickes und ließ Flora zu Boden sinken. Sie klappte zusammen, wie eine Marionette, was mir ein lautes Lachen abverlangte. Ich nahm den Strick von ihrem Hals und verstaute ihn an seinem Platz in der Schlafkoje. Dann legte ich sie der Länge nach am Boden quer vor die Sitze, betrachtete sie eingehend, während ich mich bis auf meine Socken entkleidete. Ich kniete mich über sie und sah sie an. Die Kotze, die sie ausgespien hatte, war nur eine winzige Menge, aber allein der Gedanke daran verdarb mir die Lust darauf, ihr meine Zunge in den Mund zu schieben. Mein Blick fiel auf ihr Schamhaar: Pechschwarz! Flora hatte niemals blondes Kopfhaar. Diese Lügnerin und Betrügerin. Mit tobender Wut im Bauch klappte ich ihre Beine beiseite, warf einen intensiven Blick auf ihre Scham. Dann legte ich mich auf sie und drang in sie ein. Zwei Orgasmen nacheinander, was für ein erregender Abend. Ich setzte mich auf den Beifahrersitz, um zu verschnaufen. Unweigerlich legte sich ein zufriedenes Lächeln über mein Gesicht. Mein Herz schlug wild, als ich gedankenversunken die beschlagene Scheibe der Beifahrertür betrachtete. Mehrere Abdrücke von Floras Fingern zeichneten sich in dem matten Film ab. Mein Blick wanderte zu ihr. Sie lag so da, wie ich sie zurückgelassen hatte, die Beine gespreizt, ihr Kopf verdreht und ihre Augen, die ins Nichts glotzten.

Ich kurbelte die Seitenscheibe herunter, frische Luft strömte herein und ich sah dabei zu, wie der feuchte Beschlag begann, zu verschwinden. Es war an der Zeit, meine Trophäen einzukassieren. Zum ersten Mal zögerte ich, denn Flora hatte keine Haare. Die Haare waren jedoch die wichtigsten Utensilien meiner posthumen Selbstbefriedigungen im weit entfernten Hof. Ich nahm die Polaroidkamera und schoss so viele Bilder, bis der ganze Film aufgebraucht war. Die einzige Lichtquelle kam vom Blitz meiner Polaroidkamera. Die ausgedruckten Bilder lagen auf dem Armaturenbrett verteilt. Ich nahm sie nacheinander in die Hand und betrachtete sie. Eines der Bilder konnte ich nicht aus der Hand legen. Flora schien direkt in die Kamera zu sehen. Mich überkamen kunstfertige Gedanken, die ich notieren musste, eilig kramte ich einen Stift aus dem Handschuhfach.

Ihr letzter Blick war wie ein geheimer Code, den nur ich zu entschlüsseln vermochte.

Wie besessen beschrieb ich ein Bild nach dem anderen.

Ein stummes Echo ihrer Schreie, das auf diesem Foto ruht.

Deine Augen erzählten Geschichten, die niemand hören wollte. Außer mir.

Ein Gemälde des endgültigen Schweigens.

Ein stummer Tanz, eingefangen auf diesem Polaroid.

Ein morbider Schmetterling in meinen Sammelalbum des Schmerzes.

Ich zählte nicht, wie viele Bilder ich in diesem Rausch beschriftete und ich achtete nicht auf die Zeit. Als ich aus meiner Trance erwachte, waren zwei Stunden vergangen und ich saß noch immer nackt auf dem Beifahrersitz meines Lastwagens. Eilig kleidete ich mich an, schnitt Schamhaare von Flora ab, die ich in einer Tüte verwahrte. Auch ihren Slip nahm ich an mich. Ob das alles Ersatz sein würde für die fehlenden Haare? Ich sammelte vorsichtshalber weiter, noch mehr Schamhaare hier ... ein Fußnagel dort ... Alles, was sinnvoll erschien. Ich hatte das Gefühl, dass ich in diesem Moment unbesiegbar war. Niemand würde mich jemals fangen können.

Die Entsorgung der Frau war eine banale Angelegenheit. Ich startete den Motor und rollte langsam zu den Müllcontainern. Nachdem ich Flora hineingeworfen und Schichten von Müll über ihr zusammengeschoben hatte, fuhr ich weiter.

Drei Stunden später konnte ich die Augen kaum noch offenhalten, fuhr auf einen Rastplatz und hielt abgelegen an einer dunklen Stelle. Morgen früh würde ich meine Reise zurück nach Hof fortsetzen, zurück zu Christa, die unwissentlich ihr eigenes Ende heraufbeschworen hatte. Ich schlief schnell und zufrieden ein.

KAPITEL SECHSUNDZWANZIG

Kriminaloberkommissar Dirk Weber befand sich im siebten Himmel und war gleichzeitig verunsichert, wie nie zuvor im Leben. Die Leidenschaft, die zwischen María und ihm aufgeflammt war, stand auf tönernen Füßen. Sie befanden sich in einer gefährlichen und komplizierten Situation. Sie hatten einen Serienmörder vor sich, nur wollte das bisher niemand sehen. Dieses Ignorieren der Gefahr kostete bereits Menschenleben.

Der Vormittag verging wie im Flug, während María und Dirk in seiner Luxussuite arbeiteten. Sie trugen Informationen über Mordfälle in Spanien zusammen. María hatte dafür Utensilien besorgt: Klebezettel, Schreib- und Malstifte und lose oder gestapelte Papiere lagen auf dem großen Esstisch verteilt. Die Karte, mit den markierten Tatorten, breitete sich vor ihnen aus, als würden die Verbrechen ein schreckliches Bild zeichnen.

María richtete sich auf, stemmte die Fäuste in die Taille und schaute auf das Chaos auf dem Tisch. »Wir schließen zunächst keinen Fall aus.«

»Genau«, stimmte Dirk zu. »Erst einmal wird alles gesammelt. Dann sortieren wir die Übereinstimmungen und kreisen das Schwein auf diese Weise immer weiter ein.«

María schlug mit der Faust in die andere Hand. »Bis wir ihn schnappen.«

Egal, wie diese Sache ausging. Das Feuer in ihren Augen würde Dirk niemals wieder vergessen.

Sie tauschten ihre Erkenntnisse aus, analysierten die Gemeinsamkeiten der Morde und suchten nach einem Muster. In dieser intensiven Zusammenarbeit begann eine Verbindung zwischen María und Dirk zu entstehen. Eine Allianz in der Jagd nach einem unbarmherzigen Mörder, in der immer wieder lange Blicke ausgetauscht wurden.

»Puh«, schnaufte María gegen Abend, lehnte sich zurück und rieb sich die Augen.

Dirk sah auf seine Armbanduhr. »Oje, wie spät es geworden ist. Wir sollten Feierabend machen.«

María gähnte. »Eine gute Idee. Lass uns essen gehen.« Als sie sich erhob, stellte Dirk sich ihr in den Weg, legte eine Hand an ihr Gesicht und küsste sie. Sie wandte sich lächelnd ab und ging ins Badezimmer. Das war mehr als nur eine Affäre. Wären die Kinder nicht ... Was hielt ihn eigentlich in Thüringen? Vor einer Entscheidung mit ähnlich großer Tragweite stand er vor Jahren schon einmal, als es darum ging, aus der DDR zu flüchten. Er war wegen der Kinder geblieben. Und was hatte es ihm gebracht? Sie waren inzwischen älter geworden, und die Besuchstage gestalteten sich immer schwieriger. Er würde mit María reden. Wenn sie nur halb so verrückt nach ihm war, wie er nach ihr, würde er nach Barcelona ziehen, um mit ihr zusammen zu sein. Für alles andere würde sich eine Lösung finden. Die Kinder könnten ihn in den Ferien besuchen und eine Arbeit würde er auch in Barcelona finden. Es war verrückt, so kurz, wie sie sich erst kannten. Aber Dirk war plötzlich fest entschlossen, diesen Schritt zu gehen.

María trat aus dem Badezimmer, band ihre langen dunklen Haare zu einem Pferdeschwanz, während sie Dirk anlächelte. Was für eine schöne Frau.

Ein penetrantes Piepen von Marías Funkgerät durchzuckte die Stille und unterbrach seine Träumerei. María nahm es und unterhielt sich in spanischer Sprache. Ihr Blick verfinsterte sich während des Gesprächs, Dirk spürte, dass etwas Einschneidendes passiert sein musste. María beendete das Gespräch und legte das Funkgerät grob auf den Tisch. »Eine weitere Tote!« Sie griff zum Telefon. Nach wenigen Sekunden redete sie im Befehlston mit ihrem Gesprächspartner und legte dann krachend auf.

»Eine Prostituierte?«, fragte Dirk.

»Sí. Beeile dich. Wir müssen schnell dorthin, bevor meine Kollegen sie abtransportieren lassen. Die Spurensicherung ist auch auf dem Weg.« María griff ihre Jacke und stürmte zur Tür. Dirk hetzte ihr hinterher.

»Wie bitte? Wieso abtransportieren lassen?«

»Ich erkläre es dir später, komm jetzt.« Sie rannten den Flur entlang Richtung Lift. »Die Treppe«, flüsterte sie und stieß die Tür zum Treppenhaus auf.

Marías Fahrstil war genauso rassig wie sie selbst. Dirk klammerte sich am Haltegriff über sich fest und schloss mehrmals vor Schreck die Augen. Während sie waghalsige Manöver durch Madrid fuhr, fluchte sie ununterbrochen.

»Wir sind da«, sagte María und lenkte den Wagen auf das Gelände eines schlecht beleuchteten Industriegebietes. Weiter hinten standen zwei Polizeifahrzeuge vor mehreren Müllcontainern. María parkte den Wagen neben den anderen Fahrzeugen. »Halte dich anfangs zurück, Dirk. Ich rede mit den Männern und stelle dich dann den Kollegen vor.« Sie stiegen aus, María ging auf die Uniformierten zu, Dirk folgte ihr vorsichtig und blieb in einigem Abstand stehen. Er konnte nicht verstehen, was sie sich unterhielten, aber die misstrauischen Blicke der Männer sprachen Bände. Es juckte ihn in den Fingern, die Leiche zu betrachten. Dirk war sich bereits sicher, dass es sich um ein weiteres Opfer von Torsten Krause handelte. Aber Gewissheit gab es erst nach der Inaugenscheinnahme.

Die Stimmen wurden plötzlich lauter. María gestikulierte heißblütig, einer ihrer Kollegen machte eine wegwischende Bewegung und wandte sich wutentbrannt ab. Der lautstarke Streit dauerte noch an, schließlich stiegen die vier Polizisten in ihre Wagen und brausten davon.

»Gab es wegen mir Ärger?«

»Vergiss es. Die Jungs waren natürlich wenig begeistert darüber, dass ein deutscher Kollege sich in ihre Ermittlungen einmischt. Wie ich erwartet habe, wollten sie den Fall herunterspielen. Sie haben keine Lust, internationales Aufsehen zu erregen.«

»Unglaublich. Zum Glück hast du es ja vorhergesehen. Wie hast du es dann geschafft, dass sie abgehauen sind und dir den Fundort überlassen?«

María hob ihr Kinn. *»Dein Fundort, dein Schreibkram*, habe ich ihnen gesagt. Daraufhin habe ich einige Beschimpfungen kassiert, aber mein Ziel erreicht und sie sind abgezogen. Nun habe ich die Schreiberei am Hals.«

Dirk lachte. »Bildhübsch und schlau wie ein Fuchs.«

María ignorierte dieses Kompliment, ging zum Wagen, holte Schutzkleidung aus dem Kofferraum und reichte Dirk das Zeug. Sie war fuchsteufelswild, während sie in einen Schutzanzug stieg. »Diese Idioten! Können die nicht erkennen, dass wir es mit einem Serienmörder zu tun haben?« Sie zückte ihre Taschenlampe und leuchtete die Umgebung ab. Der Fundort wirkte wie eine Szene aus einem düsteren Film – ein heruntergekommenes Industriegebiet, von Neonlichtern spärlich beleuchtet, und Müllcontainer, von denen einer das grausame Geheimnis barg. María deutete auf den mittleren

Müllcontainer. »Darin soll die Tote sich befinden.« Sie trat an den stählernen Großbehälter heran, stellte sich auf Zehenspitzen und leuchtete hinein. Sofort wandte sie sich wieder ab. »O Gott, das ist ja furchtbar.«

Dirk erklomm den verrosteten Rand. Sein Blick fiel auf einen entblößten Unterleib, gespreizte Beine und Müll, der den Oberkörper der nackten Toten bedeckte. Er lugte hinein. »Deine netten Kollegen werden doch hoffentlich überprüft haben, ob sie wirklich tot ist?« María schloss die Augen und wendete sich ab. Dirk stakste durch den Müll hindurch, hin zu dem bleichen Körper und hob Müll und Plastiktüten vorsichtig davon weg. »Eine sehr junge Frau«, rief er María zu. »Um die zwanzig, Mulattin, Glatze.« Er nahm das Handgelenk des Opfers. Ein taubes Gefühl von Kälte ging von ihrer Hand aus. Die Muskeln waren erstarrt, der Arm wies eine unbestreitbare Steifheit auf. Dennoch drückte Dirk Zeige- und Mittelfinger an die Stelle, wo der Puls in rhythmischen Stößen fühlbar sein sollte. Doch die Haut des Mädchens bot seinen Fingern unnatürlichen Widerstand und ein Puls war nicht spürbar. »Wann werden die Kriminaltechniker hier sein?«

»Das kann ich nicht sagen.«

Dirk stieg aus dem Container und ging auf María zu. Er zog sich Gummihandschuhe und Schutzkleidung aus. »Es ist zum Verzweifeln. Ich weiß genau, dass Krause dahinter steckt. Aber das Schwein ist einfach nicht zu fassen.« Dirk schlug sich mit der Faust in die Hand. »Ich hoffe nur, dass deine Kollegen irgendetwas finden, was zu Krause führt. Ansonsten ...«

María kniff die Augenlider schmal. »Ich hätte vielleicht eine Idee, wie wir ihn schnell schnappen können.«

Dirk Weber machte große Augen. »Lass hören.«

»Ich werde mich als Lockvogel zur Verfügung stellen!«

Weber machte einen entsetzten Gesichtsausdruck. »Bist

du verrückt geworden? Das ist viel zu gefährlich. Dieser Kerl ist unberechenbar.«

»Hast du vielleicht eine bessere Idee? Du hast doch selbst gesagt, dass uns die Zeit davonläuft. Sollen wir tatenlos abwarten, bis er sein nächstes Opfer findet? Und danach noch ein nächstes? Und ...«

»Schon gut, ich habe es verstanden«, unterbrach Dirk. In seinem Kopf ratterte es auf Hochtouren. Ohne Zweifel war Marías Idee der wahrscheinlich beste Weg, um Krause endlich zu schnappen. Aber die Gefahr, die ihr Vorschlag in sich barg, war irrsinnig hoch. Dirk ertappte sich bei dem Gedanken, dass er bei einer x-beliebigen anderen Kollegin längst zugestimmt hätte. »Das geht nicht, María. Ich kann das nicht zulassen.«

Sie stemmte ihre Fäuste in die Hüften und blies sich eine Haarsträhne aus dem Gesicht, die im Eifer heruntergerutscht war. »Ich kann für mich allein entscheiden, Dirk Weber! Ich bleibe dabei, es ist der beste und schnellste Weg, wie wir ihn fassen können und seine Grausamkeiten stoppen können.« Sie deutete in Richtung der Leiche im Container. »Ich werde nicht dabei zusehen, wie noch mehr Mädchen so enden.«

Dirk wandte sich ab, rieb sich grüblerisch den Nacken und entfernte sich mit langsamen Schritten. Das war tatsächlich die beste Chance, die er jemals hatte, Krause zu schnappen. Wenn er immer an Marías Seite blieb, konnte er eingreifen, falls es brenzlig wurde. Dennoch: Wenn ihr etwas zustoßen würde, würde er es sich niemals verzeihen können. Was für eine verzwickte Lage! Eigentlich hatte María doch bereits entschieden, dass sie sich nicht davon abbringen lassen würde. Weber wandte sich wieder María zu. »Ich bin nach wie vor dagegen, María. Lässt du dich von mir umstimmen?«

Ihre verneinende Geste kam ohne Zögern.

»Hab ich mir gedacht. Ich bleibe Tag und Nacht bei dir.

Und damit das klar ist: Davon werde ich mich nicht abbringen lassen!«

Marías Gesicht überzog ein schelmisches Lächeln.

Webers Blick fiel in diesem Augenblick auf das Gebäudesims der Lagerhalle. »Was ist das?« Er deutete dorthin, María ging zu dem Gebäude, Dirk folgte ihr. Beide sahen nach oben. »Eine Kamera.«

Dirk griff Marías Schultern. »Bitte warte ab, ob es Bildmaterial gibt und bis es gesichtet wurde. Wenn der Täter drauf zu sehen ist, haben wir einen Beweis. Dann brauchen wir diese gefährliche Undercoveraktion vielleicht nicht.«

María kniff die Lippen schmal, sie grübelte offensichtlich über Dirks Vorschlag nach. »Am liebsten würde ich sofort mit dem Einsatz beginnen. Denn wenn ich das nicht tue, vergeht weitere Zeit, die Menschenleben kosten könnte. Aber professionell wäre das nicht.«

»Genau«, stimmte Dirk Weber zu.

»Wir werden sorgfältig prüfen, ob es Aufnahmen gibt und was darauf zu sehen ist. Aber eines kann ich dir jetzt schon sagen: Wenn uns das Videomaterial nicht weiterhilft, werde ich die Aktion Lockvogel durchziehen!«

Weber umarmte María. Ein weißer Lieferwagen befuhr das Gelände. María schälte sich aus der Umarmung und lief auf den Wagen zu. Dirk sah ihr dabei zu, wie sie ihre Kollegen von der Kriminaltechnik briefte. Er hoffte, dass sie etwas fanden oder die Aufnahmen einen Beweis brachten.

Dirk konnte seinen Blick nicht von María abwenden. Was, wenn nicht?

KAPITEL SIEBENUNDZWANZIG

Nachdem ich den Schlüssel ins Schloss steckte, öffnete Christa von innen die Tür und kam mir freudestrahlend entgegen. »Du bist zurück«, stellte sie überschwänglich fest, umarmte mich und gab mir mehrere Küsse. So begann die Rückkehr nach Hof, in Christas Haus zunächst wie immer und verriet mit keinem Anzeichen, dass dieser Tag so tragisch enden würde.

Kaum, dass ich drinnen war, überfrachtete sie mich mit Worten, Komplimenten, Küssen, Berührungen und Gesten, mehr noch, als sonst; es war eine Pein. Christa war weiter in ihrer eigenen Welt, gefangen in Träumen von Hochzeit, Tischschmuck und dem perfekten Kleid und Anzug. Ihre Freude über die bevorstehende Vermählung war quälend, während mein innerer Gram mit jedem Wort, das sie aussprach, wuchs. Dieser Albtraum wurde zu einem Horrortrip, der nicht mehr schlimmer werden konnte.

»Ich habe mit Yvonne telefoniert«, sagte sie dann. Das Rauschen meines Blutes in meinen Ohren verstärkte sich sofort. »Du hast mit meiner Schwester gesprochen?«

Sie mimte das verschämte Schulmädchen. »Ich habe die

Wahlwiederholungstaste gedrückt und sie angerufen.« Christa setzte sich auf meinen Schoß – aufdringlicher Parfümgeruch schob sich in meine Nase. »Du, Yvonne ist wirklich nett. Wir haben uns auf Anhieb verstanden. Sie hat sich sehr gefreut, wir haben über eine halbe Stunde miteinander gesprochen ...«

Während ich Christas aufgeregte Stimme hörte, stieg Hass in mir auf wie eine dunkle Flut, drohte, mich zu überwältigen. Um mich von der brennenden Wut abzulenken, konzentrierte ich mich auf die Erinnerungen an die spanische Prostituierte und die Polaroidfotos in meiner Tasche. Die besten Fotos hatte ich sicher in meiner Innentasche verstaut. Ein Blick darauf würde meine Gedanken wieder ordnen.

»Entschuldige, Schatz«, heuchelte ich. »Ich möchte duschen.«

»Natürlich, Liebster. Gehe nur. Ich hätte dich nicht so überfallen sollen, entschuldige. Wenn du aus dem Bad kommst, steht das Essen bereit.«

Ich erhob mich und verschwand wortlos im Badezimmer. In der Stille dieses Ortes nahm ich die Polaroidfotos von Flora zur Hand und betrachtete sie. Die meisten Aufnahmen zeigten ihre behaarte Möse, doch auf einigen Fotos war auch ihr kahlköpfiges Gesicht zu sehen. Das Universum schien sich gegen mich verschworen zu haben. Christa, deren Umklammerung sich immer unangenehmer anfühlte und auch noch diese spanische Nutte, die keine Haare hatte.

Als ich zurückkehrte, erwartete mich ein Bild des Schocks. Christa saß im Wohnzimmer, erstarrt und mit leeren Augen. Sie hatte meine Aktentasche geöffnet und darin die Fetisch-Andenken entdeckt. Ihr Blick verriet Ekel und Entsetzen. Ein ersticktes Schluchzen entrang sich ihrer Kehle, als sie mich ansah. Die Wahrheit hatte sie eingeholt, und das Böse in mir triumphierte. Panik durchzuckte mich, als Christa sich erhob und auf mich zukam.

»Was sind das für Gegenstände in deiner Tasche?«, fragte sie mit monotoner und heiserer Stimme. Ihr Blick trug eine Schärfe und Entschlossenheit in sich, wie ich es bei ihr noch nie zuvor sah. Hatte sie ihrer bescheuerten Freundin Gerti schon etwas davon erzählt? Sie würde mich anzeigen! Die Gewissheit, dass Christa meiner Schwester von den verstörenden Funden erzählen würde, trieb mich zu einer einzigen Lösung. Blitzschnell umklammerte ich ihren Hals und drückte zu. Ihre Augen weiteten sich, doch es lag keine Panik in ihrem Blick – da war nur Hass. In letzter Sekunde bemerkte ich das Küchenmesser, das sie hinter ihrem Rücken hervorholte und machte einen Satz zur Seite. Sofort stand Christa wieder dicht bei mir und holte mit dem Messer aus, um mir einen Stich zu versetzen. Abermals entkam ich mit einer übereilten Ausweichbewegung nur knapp ihrer Attacke. Dieses Mal reagierte ich, indem ich ihr mit meiner Schulter einen heftigen Stoß verpasste. Christa stieß einen schrillen Laut aus und stolperte zu Boden. Ihr Messer rutschte vor ihr am Boden entlang. Flink wie eine Kakerlake krabbelte sie ihrer Waffe hinterher, doch ich war schneller, stieß das Messer mit meinem Fuß noch weiter fort und trat ihr dann in die Seite. Ihre Rippen knirschten unter meinem Fuß. Ihr Blick vom Wahnsinn gezeichnet, rappelte sie sich auf, stieß einen aberwitzigen Schrei aus und stürmte mit krallenartig gekrümmten Fingern auf mich zu. Mit einem geraden Fußtritt vor ihre Brust stoppte ich sie. Ungläubig starrend sackte sie vornüber. Bevor sie wieder zu Kräften kam, rammte ich ihr mein Knie ins Gesicht. Christa stürzte rückwärts zu Boden. War sie besinnungslos? In einem Anfall von Verzweiflung und Entschlossenheit krallte ich meine Finger in ihre Haare, hob ihren Kopf und schlug mit der anderen Faust wie besessen auf ihr Gesicht ein. Sie war längst leblos und schlaff, doch ich prügelte solange weiter auf sie ein, bis meine Faust sich taub anfühlte und ich so außer Atem war, dass mir schwarz vor Augen wurde. Dann ließ ich sie los. Ein dumpfes Geräusch dröhnte, als ihr Kopf auf dem Boden aufschlug. Ich erhob mich und sah auf sie hinab. Da lag sie reglos vor mir, ihr Gesicht blutig und aufgequollen; es war vorbei.

In meinem Kopf legte sich ein Schalter um. Ich eilte durch das Haus und sammelte meine persönlichen Sachen ein. Dann hob ich das Messer auf, das Christa gegen mich geführt hatte und schob es zurück in den Messerblock in der Küche. Dort füllte ich einen Topf mit Wasser und stellte ihn auf den Kochherd, eine Tarnung, die Ermittler der Polizei in die Irre führen sollte. Eilig ging ich zu Christa zurück, packte ihre Hände und zog sie in die Küche, wo ich sie auf einen Stuhl setzte und ihren Oberkörper auf die Tischplatte sacken ließ. Ich drehte den Hahn des Gasherdes auf, betrachtete die Kerze mit den rosa Herzen, die sie zu jedem Essen auf dem Tisch platzierte und fischte meine Zündholzschachtel hervor. Die Gedanken an das Feuer, das das Haus verzehren würde, wirbelten in meinem Kopf. Schlimme Bilder von Flammen, Rauch und Asche füllten meine Gedanken, doch der Druck der Ereignisse trieb mich voran. Ich zündete ein Streichholz an und brachte damit die Kerze zum Brennen. Die kleine tänzelnde Flamme markierte den Beginn meines finsteren Plans. Schweißperlen standen mir auf der Stirn, während der Geruch des Gases sich langsam ausbreitete. Ein bitterer Triumph mischte sich mit der Qual in meinen Gedanken, als ich mich umsah, und mir vorstellte, wie das Feuer alles verschlang.

Der flackernde Schein des alles vernichtenden Feuers würde die Dunkelheit aus meinem Inneren nach außen tragen und die Welt um mich herum vom Verrat befreien.

KAPITEL ACHTUNDZWANZIG

Als Kriminaloberkommissar Weber die ausgewerteten Aufnahmen der Überwachungskamera sah, konnte er es im ersten Augenblick kaum fassen. »Das ist Krause! Nochmal zurück.« Weber deutete aufgeregt auf den Bildschirm. María und der spanische Kriminaltechniker betrachteten unaufgeregt die tonlosen Bilder. Sie zeigten eindeutig den Platz des verlassenen Industriegeländes in Barcelona, an dem die getötete Prostituierte in einem Müllcontainer gefunden wurde. Ein Mann lief ins Bild. Er trug den Körper des kahlköpfigen Mädchens zu einem Müllcontainer. Weber drängte sich näher vor den Bildschirm. Die Gliedmaßen und der Kopf des Mädchens schlackerten mit jedem Schritt, den der Mann tat. Am Container angekommen hievte er den Körper hinein. »Das ist er, Krause, eindeutig! Endlich haben wir das Schwein«, rief Weber und umarmte María überschwänglich. Der Kriminaltechniker bediente weiter konzentriert Knöpfe des Abspielgerätes und versuchte, die Bildschärfe zu verbessern.

»Der Mann ist gut zu erkennen«, stimmte María zu. »Und noch unglaublicher ist es, dass wir diese Aufnahmen einem

Zufall zu verdanken haben. Nämlich dem, dass einer der Firmenmitarbeiter diese Kamera ausprobiert hat.«

»Das ist der entscheidende Durchbruch, María! Ich kann es kaum glauben. Es gibt endlich einen handfesten Beweis.« Weber ging aufgeregt umher, rieb sich mit der Hand den Nacken und führte Selbstgespräche. »Ich muss sofort nach Deutschland zurück. Ich muss den Kerl festnehmen. Wir haben ihn!« Dann blieb Weber abrupt stehen und wandte sich María zu. »Du musst mit mir nach Deutschland kommen.«

»Wie bitte?«

Weber packte Marías Oberarme und sah sie mit großen Augen an. »Begleite mich nach Deutschland, María. Du bist ein wichtiger Teil der Ermittlungen. Ohne dich und deine Hilfe hätte ich Krause niemals geschnappt.«

María verzog eine skeptische Miene. »Aber ich kann doch nicht einfach ...«

»Kein Aber, María. Ich werde bei deinem Vorgesetzten um Amtshilfe ersuchen. Begleite mich nach Deutschland. Hier in Barcelona versäumst du doch nichts. Deine Kollegen üben sich darin, über Verbrechen hinwegzusehen, weil gerade Touristenzeit ist. Du kannst mir nicht weismachen, dass dich das zufriedenstellt. In Deutschland kannst du dabei sein, wenn Krause vor Gericht gestellt wird. Das muss doch dein Herz als Polizistin höherschlagen lassen.«

María wog nachdenklich den Kopf, schnippte dann mit den Fingern. »Okay. Ich bin dabei.«

* * *

In Deutschland angekommen fuhr Weber sofort zu seinen Kollegen von der Kripo in Hof, wo Weber und sein Fall ›Krause‹ schon gut bekannt waren. Anders als in seiner Dienststelle in Gera nahm man Weber und seine Ideen hier durchaus ernst. Viola Krohn, Krauses Chefin hatte belegt, dass Krause sich nicht auf einer Speditionstour befand. Er musste sich in Hof befinden. Schutzpolizisten wurden daraufhin unverzüglich zu Krauses Wohnadresse geschickt. Die Anweisung lautete, sich unauffällig in der Nähe bereitzuhalten.

Die Zeit schien wie eingefroren, während sie auf einen richterlichen Beschluss zur Durchsuchung von Krauses Wohnung warteten. Die Ungeduld fraß an Weber, doch endlich traf die Erlaubnis ein.

Krause war ein gefährlicher Mann, weshalb auch ein SEK-Team anwesend war. Sie schlichen die Treppen empor, die maskierten Spezialpolizisten gingen voran. Vor Krauses Wohnungstür blieben sie stehen und der Mann mit einer Stahlramme brachte sich in Position. Der SEK-Führer zählte stumm mit einem Finger nach dem anderen, beim dritten zertrümmerte die Stahlramme die Wohnungstür und das Spezialteam stürmte in Krauses Wohnung hinein. »Sauber«, klangen mehrmals Rufe aus der Wohnung des Verbrechers. Weber konnte es kaum abwarten, endlich hineinzugehen. Als der Zeitpunkt endlich da war, stießen er und das Durchsuchungsteam auf ein regelrechtes Arsenal an Beweismitteln: Haarsträhnen, Kleidungsstücke, – ein erschütterndes Inventar eines kaltblütigen Serienmörders. Doch das Grauen sollte noch tiefer gehen.

»Um Gottes willen«, stieß María hervor und wich zurück. Dirk Weber eilte sofort an ihre Seite und starrte in den geöffneten Schrank. Behutsam ging er näher heran. Ein schauriger Schrein des Grauens. Auf einem Zwischenboden des Schrankes lagen Slips von Frauen, Büstenhalter und Röcke ausgebreitet. An der Rückwand des Schrankes waren zahllose Fotos mit Tesafilm angeklebt. Weber leuchtete mit einer Taschenlampe darauf. »Jede Bildergruppe zeigte eine andere Frau.«

»Sieh dir das an«, sagte María und deutete auf die Haarsträhnen, die unter jeder Bildergruppe lagen. »Es ist einfach nur widerlich.«

Weber sah María schuldbewusst an. Hätte er sie dieser ekelhaften Durchsuchung doch nicht beiwohnen lassen sollen?

Sie wandte sich ab und ging zu einem Tisch, auf dem Papiere und andere Gegenstände gestapelt lagen. Ein dickes Notizbuch erregte ihre Aufmerksamkeit. María schlug es auf. »Dirk, schau dir das an.« Dirk Weber stellte sich neben sie, beugte sich vor und las in dem Notizbuch. Er nahm das Buch an sich, blätterte mehrmals weiter, richtete sich dann auf und pfiff leise. »Das sind detaillierte Aufzeichnungen über seine Taten. Und hier, sieh dir das an. Da beschreibt Krause seinen Plan, als Fernfahrer durch Europa zu reisen, um unerkannt zu bleiben.« Kriminaloberkommissar Weber blätterte Seite um Seite weiter. Fassungslosigkeit und gleichzeitige Freude durchströmten ihn. »Das gleicht einem Geständnis.«

Die Hände der Ermittler zitterten, als sie die grausamen und kaltblütigen Details lasen. Krauses Gedankenwelt offenbarte die Abgründe eines Serienmörders, der seine Taten nicht nur plante, sondern auch dokumentierte. Die Unmenschlichkeit, die aus den handschriftlichen Formulierungen sprach, hallte in der Wohnung wider und drückte auf die Seelen der beiden Ermittler.

María bemühte sich, Dirk Weber aufzumuntern. »Mit dem Ergebnis der Hausdurchsuchung solltest du zufrieden sein. Die Beweise gegen Krause sind erdrückend, also verziehe nicht ein so grimmiges Gesicht.«

Weber lächelte gequält. »Er läuft noch immer frei da draußen herum. Ich hatte gehofft, dass wir ihn hier schnappen. Was, wenn er schon wieder auf dem Weg nach Spanien oder einem anderen europäischen Land ist?«

»Schau dir nur dieses ganze Zeug an, Dirk. Mit dem Ergebnis dieser Hausdurchsuchung bekommen wir auch einen internationalen Haftbefehl. Zudem ahnt er nichts davon. Der Kerl ist so gut wie eingebuchtet. Meinst du nicht, dass du die Sache ab jetzt gelassener angehen kannst?«

»Ein internationaler Haftbefehl ...«, gab Weber spottend von sich. »Hast du vergessen, wie oberflächlich deine Kollegen in Barcelona die Sache angegangen sind? Nein, María, ich werde erst zur Ruhe kommen, wenn der Kerl hinter Schloss und Riegel sitzt.« Weber ging zu dem verstörenden Schrank und deutete auf eines der Bilder. »Das ist das Mädchen, das wir in dem Müllcontainer gefunden haben.« Dirk tippte ein weiteres Foto in der Bildergruppe an. »Warum hat er das Bild dieses Kindes hier angeordnet?«

»Es könnte die kleine Schwester oder sogar die Tochter dieses Mädchens sein«, sagte María grüblerisch.

»Die Tote selbst war ein blutjunges Mädchen. Wenn das Kind ihre Tochter war ...« Kriminaloberkommissar Weber schlug mit der Faust auf den Tisch, sodass María zusammenzuckte. »Krause wird seinen perversen Schrein nicht so einfach aufgeben. Er wird hierher zurückkommen. Und dann werde ich ihn schnappen!«

»Das SEK ist bereits wieder abgerückt, die Kriminaltechniker packen gerade ihre Sachen zusammen und deine anderen Kollegen werden ebenfalls abrücken. Wie stellst du dir das vor? Willst du von nun an Tag und Nacht vor seinem Haus sitzen und warten, bis er auftaucht?«

»Wir übernehmen die erste Schicht. Die Kollegen von der Kriminalpolizei lösen uns ab. Wir werden das Schwein nicht aus den Augen lassen.«

»Wir?«, fragte María.

»Du und ich, na klar. Wir machen es uns in meinem Wagen gemütlich.« Dirk lachte, María verzog keine Miene.

. . .

Sie legten sich stundenlang auf die Lauer, ihre Sinne geschärft, das Adrenalin in ihren Adern pulsierend. Doch Krause erschien nicht. María hatte die Rückenlehne des Beifahrersitzes herunter gestellt, damit sie ein kleines Nickerchen machen konnte. Dirks Augen brannten vor Müdigkeit, doch er hielt sich mit aller Kraft wach. Unentwegt fixierte er Krauses Wohnhaus und achtete auf jede noch so kleine Bewegung in der Umgebung.

»Ich muss mal«, sagte María plötzlich und richtete sich auf.

»Hier ist kein einziges Gebüsch in der Nähe. Schaue, ob irgendwo in der Nähe noch ein Lokal geöffnet hat.«

María stieg aus, schloss die Autotür leise und ging los, ohne sich umzusehen. Dirk schaute ihr angespannt hinterher, bis sie hinter der nächsten Hausecke verschwand. Vielleicht war es keine gute Idee gewesen, sie allein losgehen zu lassen. Dennoch blieb Dirk, wo er war, und konzentrierte sich wieder auf den Hauseingang.

Die Zeit schien stehen geblieben zu sein, von Krause keine Spur und María kehrte nicht zurück. Als Kriminaloberkommissar Weber seine Hand an den Türgriff legte, bog María wieder in die Straße ein. Erleichtert lehnte er sich zurück. Doch dann durchfuhr ihn ein Schreck: Anstatt zum Auto zurückzukehren, ging María schnurstracks in das Wohnhaus des Verdächtigen Krause. »Was ...?!« Kriminaloberkommissar Weber konnte sich keinen Reim darauf machen, was María gerade im Schilde führte. Er musste der Sache auf den Grund gehen, sofort. Als er sich wutentbrannt aus dem Auto geschält hatte, ereilte ihn ein noch größerer Schreck: Torsten Krause bog in diesem Augenblick in die Straße ein. Weber machte einen Schritt voran, um Krause auf der Stelle festnehmen zu können. Krause verschwand im Haus und die Tür zog sich langsam zu. Weber beeilte sich, da zu sein, bevor die Tür ins Schloss fiel.

»Dirk«, hörte er von oben her jemanden seinen Namen rufen. Reflexartig blieb er stehen und sah hoch. María stand an einem offenen Fenster in Krauses Wohnung. »Wir empfangen ihn von zwei Seiten. Gib mir ein Zeichen, wenn er kommt, ich erwarte ihn hier in seiner Wohnung und du kommst, von der Straße her …«

»Er ist da!«, rief Weber zu ihr hoch.

»Scheiße!« María verschwand und schloss das Fenster.

»Ruhe da unten!« Eine ältere Dame im Nachthemd und mit Lockenwicklern im Haar sah mürrisch zu Weber herunter.

»Rufen Sie die Polizei an, die sollen herkommen.« Doch die Frau hatte ihr Fenster bereits wieder geräuschvoll geschlossen. Weber drückte gegen die schwere Haustür – verschlossen. Das Schlüsselbund zu Krauses Wohnung, das sie vorhin sichergestellt hatten, hatte María an sich genommen. Weber hätte sich ohrfeigen können. Er stemmte sich fester dagegen, doch die Tür blieb verschlossen. Weber eilte zurück auf die Fahrbahn, um die Fenster von Krauses Wohnung besser einsehen zu können. Doch es war dunkel in der Wohnung und María war auch nicht zu sehen. Kurz wägte er ab, ob er zum Wagen gehen und Verstärkung rufen sollte, doch er nahm Anlauf und warf sich gegen die Haustür. Mit einem lauten Krachen sprang sie auf. Weber sah Sterne vor Augen, so sehr brannte der Schmerz in seiner Schulter.

Dennoch stürmte er die Stufen hinauf, panische Gedanken an María und an Krause, den Mörder, blitzten in ihm auf. Auf dem Podest der ersten Etage blieb er stehen – Krauses Wohnungstür stand einen Spalt breit offen. Dirk Weber zog seine Pistole aus dem Holster, schlich dorthin, lauschte und spähte durch den Türspalt. »Polizei«, rief der Kriminaloberkommissar in die Wohnung hinein und schob die Tür weiter auf. »Polizei«, wiederholte Weber, als er mit der Pistole im Anschlag den Flur entlang schlich. Abgestandener Geruch trat ihm entgegen. »Torsten Krause, kommen Sie mit erhobenen Händen raus.«

Stille.

Weber schlich weiter. Ein Geräusch drang aus einem der Zimmer zu ihm vor. Mit hämmerndem Puls schlich er dort hin, huschte in den Türdurchgang und zielte mit ausgestreckten Armen in das Zimmer. Sein Blick erfasste sofort die gefährliche Situation: María lag reglos am Boden, Krause kauerte einen Meter davon entfernt hinter einem Sessel. »Hände hoch und rauskommen!«, befahl Weber. Krause erhob sich, riss seine Hände in die Luft und fiel vor Weber auf die Knie. »Ich habe gedacht, sie ist eine Einbrecherin …«

Weber stürmte auf den Verbrecher zu, trat ihm gegen die Brust, sodass der Mann hintenüber fiel. »Hilfe«, wimmerte Krause. Dirk Weber verdrehte ihm die Arme auf den Rücken und legte ihm Handschellen an. Schnell überprüfte er, ob Krause eine Waffe in Reichweite hatte. Dann eilte er zu María und legte seine Finger an ihren Puls. Sie lebte. Vorsichtig schob er seinen Arm unter ihren Nacken. María kam rasch wieder zu sich und wollte sich erheben. »Ich helfe dir«, sagte Weber und half María, aufzustehen. Die Ermittler waren erfahren genug, um sich nicht vor den Festgenommenen über das zu unterhalten, was vorgefallen war. Weber wandte sich Krause zu. »Torsten Krause, Sie sind festgenommen wegen des Verdachts, eine oder mehrere Frauen getötet zu haben. Alles, was Sie sagen, kann und wird vor Gericht gegen Sie verwendet werden. Sie haben das Recht auf einen Anwalt.« Weber packte den Festgenommenen und zerrte ihn auf die Beine. María folgte den beiden.

KAPITEL NEUNUNDZWANZIG

Die Festnahme war wie ein jäher Sturz in die Hölle. Die Handschellen schnürten sich um meine Handgelenke, als die Polizisten mich aus meiner Wohnung führten. Der kalte Stahl der Handfesseln fühlte sich an, wie die letzten Schlingen des Schicksals, die sich um mich zuzogen. Alles lief wie ein unwirklicher Film vor mir ab, dieser Kommissar sprach mit mir, aber ich hörte seine Worte nicht. Im Polizeiauto sitzend sah ich aus dem Seitenfenster. Draußen zischten dunkle Straßen und Häuser vorüber und obwohl ich wusste, was mich erwartete, verspürte ich keinerlei Aufregung.

Die Autotür öffnete sich und der Kommissar zerrte mich am Oberarm aus dem Polizeifahrzeug. Dann weiß ich nur noch, dass das grelle Licht der Flure meine Augen blendete, die zuvor das Halbdunkel meiner nächtlichen Fahrten gewöhnt waren.

In der Zelle angekommen sah ich mich plötzlich konfrontiert mit den sterilen Wänden. Mein Blick, der einst die außerordentliche Schönheit meiner Sammlung im Dämmerlicht bewunderte, fiel nun auf die leeren Wände, die von einer flirrenden Neonlampe mit geisterhaftem Licht besudelt wurden.

Die Polizisten verließen die Zelle, und ich blieb allein mit meinen Gedanken zurück. In der Mitte dieses toten Raumes stehend überkam mich ein Gefühl des Selbstmitleids. Meine wertvolle Sammlung, das Resultat meiner perversen Obsessionen, war nun futsch. Die Polaroidfotos, die ich mit solcher Hingabe angefertigt hatte, die Gegenstände, die mich an meine zynischen Taten erinnerten – alles weg. Ein bitterer Verlust, als hätte man mir meine letzten Überreste von Freizügigkeit entrissen.

Doch dann, wie ein vernichtender Blitz, durchzuckte mich die Erkenntnis: Meine geliebte Schwester Yvonne würde von meinen Taten erfahren. Das Selbstmitleid wich einer innerlichen Panik, die mich ergriff wie eine eisige Hand aus dem Abgrund. Bilder ihrer Enttäuschung und Abscheu bildeten sich vor meinem inneren Auge ab. Die Vorstellung, dass sie nun den wahren, monströsen Kern ihres Bruders sehen würde, schnürte mir die Kehle zu. Ich musste Yvonne sprechen, musste ihr alles erklären, bevor die Bullen sie erreichten. Ich schlug mit den Fäusten gegen die Zellentür. »Ich muss telefonieren. Ich habe das Recht, ein Telefonat zu führen.« Aber es antwortete niemand. Die bleibende Stille, die antwortlose Einsamkeit und das Gefühl der Nacktheit ließen mich am ganzen Körper zittern. Ich sackte auf die Knie, fiel dann auf den kalten Boden und kauerte mich zusammen. »Yvonne.« Meine Schwester war die Unschuldige in diesem Albtraum. Reue und Schuld überkamen mich, denn ich wusste, dass ich Yvonne verlieren würde. Was hatte ich getan? Wie konnte ich mich so weit von Menschlichkeit und Moral entfernen? Der Schleier der Triebhaftigkeit und Mordlust, der mich umhüllte, wurde von einem Moment der Klarheit durchbrochen, und die Wirklichkeit meiner Verbrechen brach über mich herein. Selbstmitleid verblasste vor der erdrückenden Last meiner eigenen Schuld.

In der Zelle, umgeben von kalten Mauern und dem dumpfen Klang meiner eigenen Gedanken, begriff ich die wahre Tragödie meines Lebens. Und während draußen die Welt von meinem Fall erfuhr, versank ich in einem Meer aus Scham und Reue, gefangen in den Fesseln meines eigenen verderbten Schicksals.

KAPITEL DREISSIG

Kriminaloberkommissar Dirk Weber verließ am nächsten Morgen erleichtert den Saal, in dem die Pressekonferenz abgehalten wurde. Die Journalisten waren wie Spürhunde gewesen und hatten noch in der Nacht Wind davon bekommen, dass ein Serienmörder festgenommen wurde. So blieb der Pressestelle der Polizei keine andere Wahl, als offiziell Stellung zu nehmen. Wenn sie frühzeitig mit den Reportern redeten, konnten sie mehr Einfluss ausüben, als wenn sie alles geleugnet oder sich in Stillschweigen gehüllt hätten.

»Zum Glück haben wir das hinter uns. Ich hasse Pressekonferenzen und ich hasse Krawatten«, schimpfte Dirk Weber und zerrte daran. María überholte ihn, stellte sich in den Weg und richtete den Knoten wieder. »Schade, ich finde, dass du damit sehr sexy aussiehst.«

Weber sah sich um. Noch befanden sie sich ganz in der Nähe des Saals, ein neugieriger Fotograf, ein Bild von flirtenden Kriminalbeamten – das wollte er verhindern. »Lass uns von hier verschwinden, María.« Er hakte sie unter und zog sie weiter. »Wir haben noch viel zu tun. Es gibt zwar eine

Fülle von Beweisstücken und Indizien. Aber ich weiß doch, wie so etwas läuft: Schon bald meldet sich irgendein öffentlichkeitsgeiler Jurist, der Krause verteidigen will. Und das nur, um Berühmtheit zu erlangen und Geld zu scheffeln.«

»Das verstehe ich nicht.«

»So funktioniert das eben in Deutschland, liebe María. Du kannst dich darauf verlassen, dass wir Winkeladvokaten im Überfluss haben. Das Schlimme ist, diese Typen sind gerissen und zerpflücken unsere Beweise in der Luft.«

»Eigenartig. Ich dachte, dass das deutsche Rechtssystem besser funktioniert als das spanische.«

Weber machte eine wegwischende Bewegung. »Es gibt nur eine Möglichkeit, wie wir das Gerichtsverfahren mit wasserfesten Beweisen untermauern können. Es muss ein Geständnis von Krause her.«

»Puh. So krank im Kopf Krause auch sein mag. Aber mein erster Eindruck ist, dass er sehr genau weiß, wie er sich verhalten muss, um am besten aus der Sache rauszukommen. Er weiß doch bestimmt genauso gut wie du, dass er nur auf die besten Anwälte zu warten braucht. Deshalb wird er dir kein Geständnis abliefern.«

»Und genau aus diesem Grund werden wir ihn schnellstmöglich in die Mangel nehmen.«

»Du willst ihn unter Druck setzen?«, fragte María erstaunt.

»Ganz im Gegenteil. Ich werde ein freundschaftliches Verhältnis zu ihm aufbauen.«

María stutzte. »Und so willst du ihn dazu bringen, ein Geständnis abzulegen?«

»Das wird mir dann gelingen, wenn es noch einen bösen Cop in diesem Spiel gibt.« Weber blieb stehen, hob die Augenbrauen und sah María erwartungsvoll an.

»Ich?«, fragte sie überrumpelt. »Wie soll ich denn den bösen Cop spielen«?

Weber legte seinen Arm um Marías Schultern, und führte sie in den Gang, in dem die Verhörräume waren. Er öffnete die Tür des Raumes Nummer 3, María trat ein, Dirk Weber folgte ihr und schloss die Tür. »Setz dich bitte.« Dirk ließ seine Fingerkuppen auf dem Tisch tanzen. »Wir müssen ihn an seinen Schwachpunkten packen.«

»Okay. Was sind seine Schwachpunkte?«

»Ich glaube, dass es seine Ängste sind. Krause ist nach meiner Meinung ein durch und durch ängstlicher Mensch.«

»Hm«, brummte María ungeduldig. »Aber was soll uns das jetzt helfen?«

Weber hörte damit auf, seine Finger tanzen zu lassen. Er lehnte sich mit den Ellenbogen auf den Tisch und sah María aus schmalgezogenen Augenlidern an. »Wir haben nicht viel Zeit. Jeden Augenblick einer dieser gestriegelten Anwälte um die Ecke kommen. Lass uns versuchen, ihm weiszumachen, dass er wegen der ermordeten Prostituierten nach Spanien ausgeliefert wird und dass die spanischen Gefängnisse die Hölle auf Erden sind.«

María lehnte sich zurück und verschränkte die Finger im Nacken. »Verstehe. Du willst, dass er aus Angst vor den spanischen Gefängnissen weitere Taten gesteht, die er in Deutschland begangen hat. Er soll hoffen, dass er auf diesem Weg in ein milderes deutsches Gefängnis wandert?«

»Ganz genau. Im Grunde ist es mir scheißegal, ob er in einem spanischen Knast vermodert oder in einem deutschen. Ich will damit nur erreichen, dass er so viele Taten wie möglich zugibt. Wir haben überhaupt keine genaue Übersicht, wie viele Taten er begangen hat. Wie viele Mädchen werden wirklich vermisst? Wie viele Eltern finden keine Ruhe?«

María schlug unternehmungslustig in die Hände. »Lass ihn uns in die Mangel nehmen. Ich bin ab jetzt die Böse.«

. . .

Kriminalhauptkommissar Dirk Weber hatte seine beiden Kollegen genauestens informiert und gebeten, Krause keine Fragen zu beantworten und ihn keines Blickes zu würdigen. Sie sollten ihn in den Verhörraum begleiten, ihn dort mit seinen Handschellen am Tisch sichern und sich hinter ihm postieren. Weber und María würden einige Zeit abwarten und dann dazukommen.

Die beiden Ermittler beobachteten Krause durch den Spiegel. »Es ist so weit.« Weber ging in den Verhörraum und begrüßte Krause mit Handschlag. »Guten Tag, Herr Krause. Ich bin Kriminalhauptkommissar Dirk Weber, wir kennen uns ja bereits. Eine Kollegin wird gleich noch dazukommen.« Dann stellte Weber eine mitgebrachte Flasche Wasser und einer Flasche Cola vor Krause auf den Tisch und setzte sich ihm gegenüber. Krause griff sich die Colaflasche, öffnete sie und trank in gierigen Zügen. Weber setzte sich, legte eine freundliche Miene auf und drückte den Aufnahmeknopf an dem Mikrofon auf dem Tisch. »Elf Uhr zwei, Beginn des Verhörs von Torsten Krause.« Dann lehnte Weber sich zurück und wartete einen wohl überlegten Augenblick ab. Krause wurde sichtlich nervös, schwieg, drehte die Colaflasche in seinen Händen. Unvermittelt begann Weber: »Wir hatten beide eine Scheißzeit in der DDR, oder?«, fragte er Krause.

Krause wirkte überrascht, antwortete nicht. Er stellte die leere Flasche zurück auf den Tisch und ließ seinen Blick durch den Raum wandern. »Mich haben sie in Bautzen fertiggemacht.«

Krause hatte zu reden begonnen! Die größte Hürde war damit überwunden. María öffnete die Tür geräuschvoll und donnerte einen Aktenordner vor sich auf den Tisch. Genau im richtigen Moment. Krause zuckte zusammen. »Wir sind gerade in einem Gespräch, Frau Kollegin«, spielte Weber den Entrüsteten, ein kurzer dankbarer Blick von Krause.

María setzte sich, ohne Krause zu beachten, und ohne auf

Webers Protest einzugehen. Krause sah sie verschreckt an. Weber konnte jetzt Vertrauen zu Krause aufbauen. »Bautzen war eine Hölle, ein Schmelztiegel des Unrechtssystems.«

»Genau.«

María schlug mit der Hand auf den Tisch. »Ich möchte ja das nette Gespräch der Herren ungern unterbrechen. Aber ich habe nicht ewig Zeit, ich will noch heute nach Barcelona zurückfliegen und diesen Prostituiertenmörder mitnehmen.« Sie deutete abfällig mit dem Daumen auf Krause.

Krause presste seine Lippen zusammen.

»Frau Kollegin, bitte«, gab sich Dirk Weber beschwichtigend. »Ich weiß nicht, wie es bei Ihnen in Spanien zugeht. Aber hier in Deutschland haben Festgenommene Rechte und gelten so lange als unschuldig, bis sie ein Richter verurteilt hat.«

»So ein Scheiß«, patzte María zurück. Weber würde ihr das Schauspiel sofort abkaufen.

María beugte sich mit aggressiver Geste zu Krause vor. »Bautzen war ein Scheiß gegen die spanischen Gefängnisse, das kann ich dir versprechen!« Sie fixierte ihn mit glutäugigem Blick. Krause knetete seine Finger, wandte sich Weber zu.

»Ich habe Heike Vogt umgebracht.«

Krauses Aussage verblüffte beide Ermittler. Eine unwirkliche Stille lag in dem Raum, bis KOK Weber sich räusperte. »Heike Vogt? Erzählen Sie mehr darüber.« Weber konnte sich an den Namen Vogt erinnern, ein Fall, der lange zurücklag.

»Wir sind 1974 zusammen zur Schule gegangen. Heike saß vor mir, sodass ich zwangsläufig ihre schönen Haare ansehen musste.«

Weber schrieb mit. María verfasste ebenfalls Notizen und hielt sich zurück. Webers Hirn ratterte. »1974 waren Sie fünfzehn Jahre alt. War das Ihr erster Mord?«

»Ich war vierzehn. Ich sage nur, dass ich Heike umgebracht habe. Da dies in Deutschland geschah, werde ich auch in ein deutsches Gefängnis kommen.« Krause beugte sich abrupt zu María vor und schrie sie an. »Und nicht in ein spanisches!«

María blieb erstaunlich gelassen. Weber ging nahe an das Mikrofon heran. »Unterbrechung der Vernehmung um elf Uhr dreizehn.« Dann erhob er sich, María nahm ihren Aktenordner und folgte ihm. Sie entfernten sich ein paar Schritte von der Tür zum Verhörraum und redeten leise. »Du hast ein Geständnis, Dirk. Du hast ihn. Beeile dich, ihn vor einen Haftrichter zu bringen, damit Anklage erhoben wird.«

Weber rieb sich den Hinterkopf. »Wenn Krause tatsächlich mit vierzehn seinen ersten Mord begangen hat, dann liegt die Tat beinahe dreißig Jahre zurück. Die Zahl seiner Opfer kann inzwischen eine schwindelerregende Höhe erreicht haben. Außerdem bin ich mir nicht sicher, wie die deutschen Gerichte eine solche Tat eines Minderjährigen bewertet. Nein, María. Ich will, dass er alle seine Taten gesteht, die er begangen hat. Ich bin mein halbes Leben hinter ihm her und werde nicht dabei zusehen, wie er nach wenigen Jahren aus der Haft kommt und weitermordet.«

»Was schlägst du vor?«

»Ich werde ihm eine Lüge auftischen, bei der du mir helfen musst.«

»Was?! Noch eine Lüge?«

»Frage nicht, spiele einfach mit.« Bevor María weiter protestieren konnte, schob Weber sie zurück in den Verhörraum.

»Ich muss zur Toilette«, wimmerte Krause.

KOK Weber überging das. »Gleich. Auf dem Weg zum Flugplatz kommen wir an einer Toilette vorbei.«

»Flugplatz? Wieso Flugplatz?«, wollte Krause wissen.

»Ihr Geständnis, was Heike Vogt anbelangt, ist lediglich zweitrangig. Ihnen können mehrere Taten nachgewiesen werden, die Sie in letzter Zeit in Spanien verübt haben. Daher liegt die Vorrangigkeit der weiteren Gerichtsbarkeit in Spanien, darauf besteht meine Kollegin aus Barcelona.«

»Aber ...«

Weber unterbrach den sichtlich aufgebrachten Krause. »Ich hätte Sie auch lieber hierbehalten, Herr Krause. Aber gegen die Gesetzeslage kann ich nichts machen.« Weber schloss Krauses Handschellen auf.

»Warten Sie. Ich kann nicht nach Spanien. Meine Verhandlung muss hier in Deutschland erfolgen.«

»Herr Krause, ich habe Ihnen doch erklärt, wie die Rechtslage ist. Das Einzige, was dazu führen könnte, dass Sie nicht ausgeliefert werden, ist ein umfassendes Geständnis aller Taten.«

»Ich habe vor wenigen Tagen Christa Menkert umgebracht!«, brachte Krause schnell hervor. Weber brachte Krauses Handschellen wieder an der dafür vorgesehenen Befestigung am Tisch an und setzte sich neben ihn. María blieb stehen.

»Wer ist Christa Menkert?«, fragte Weber ruhig.

Krause gestand ausführlich, wie er Christa getötet und sie anschließend mitsamt ihrem Haus in Brand gesetzt hatte. Ein zuständiger Kriminalbeamter aus Hof, der den Fall Menkert bearbeitete, war dazugekommen und notierte alle Details. Es gab eine kurze Auseinandersetzung zwischen dem Beamten aus Hof und KOK Dirk Weber, denn der Kollege wollte den Fall Krause übernehmen. Doch sowohl der Vorgesetzte als auch der Staatsanwalt stimmten Dirk Webers Eingebung zu, dass das übergeordnete Ziel sei, Krause so viele Taten wie möglich nachzuweisen. Die besten Chancen, das zu erreichen, lagen beim Team Weber / María.

. . .

Torsten Krause wurde ins Untersuchungsgefängnis überführt. Die Verhandlung sollte in drei Monaten stattfinden. KOK Weber und María arbeiteten fieberhaft daran, alle gefundenen Beweise und Aufzeichnungen wasserfest zu belegen. Schließlich trugen sie sieben Prostituiertenmorde in Frankreich, Spanien und Italien zusammen und weitere fünf in Tschechien, deren Nachweise jedoch auf wackeligen Beinen standen.

Eine Zeit von enormer Anstrengung lag hinter Dirk und María. Sie hatten getan, was sie konnten, nahmen sich immer und immer wieder die Beweise und Indizien vor. Nun war der Zeitraum bis zur Verhandlung unerbittlich nähergerückt. Nur noch zwei Wochen, dann wäre es so weit. »Wir sollten uns ausruhen, Dirk. Wir haben alles hundert Mal gedreht und gewendet, mehr können wir nicht tun.«

»Ich weiß.« Dirk ließ die Fotos aus Krauses Schrein sinken. »Vielleicht hast du recht. Was hältst du davon, wenn ich dich zu einem Wochenende in ein schönes Hotel einlade und wir uns ein wenig verwöhnen lassen?«

Der nächste Morgen begann mit einem Gefühl der Überglücklichkeit. Als Dirk Weber die Augen öffnete, betrachtete er die schneeweiße Decke des Hotelzimmers, in das sie am Abend zuvor eingecheckt hatten. Er schaute zu María herüber, die noch schlief. Was für eine wunderbare Frau. Dirk Weber dachte an den gestrigen Abend, an den schönen Spaziergang durch Bayreuth, an das wundervolle Abendessen und an die heiße Liebe danach.

Er erhob sich leise, ging zum Fenster und ließ seinen Blick über die hügeligen Wiesen gleiten. Endlich konnten sie Krause vor Gericht stellen und für seine Gräueltaten zur Rechenschaft ziehen. Die Puzzlestücke ergaben ein unumstößliches Bild, und die Gerechtigkeit würde einen weiteren

Sieg erringen. Wenn Krause verurteilt war, würde Weber sein ganzes Leben verändern. Er würde diese manische Jagd auf einen Serienmörder endlich hinter sich lassen und zusammen mit María ein neues Leben beginnen.

Als Weber sich zu María wandte, erfüllte eine nie da gewesene Ruhe und Zufriedenheit seine Seele. Er ahnte nicht, dass sich schon bald alles ändern würde.

KAPITEL EINUNDDREISSIG

Hier enden nun meine Aufzeichnungen, die ich mit zittrigen Händen verfasse. Die Worte fließen aus meiner Feder wie ein trauriges Lamento, ein Abschiedsbrief an eine Welt, die mich nie verstanden hatte. Die Welt, die um mich herum zusammenbrach, weil meine geliebte Schwester, mein einziger Ankerpunkt zur Menschlichkeit, nichts mehr mit mir zu tun haben wollte.

Sie hatte aus der Presse von meinen Taten erfahren, von den Abgründen meines verdorbenen Ichs. Jeder Versuch der Kontaktaufnahme wurde von ihr rigoros abgeblockt. Die Verbindung, die selbst die düstersten Kapitel meines Lebens zusammenhielt, zerbarst wie ein zerbrechliches Glas, und ich konnte nichts tun, um die Scherben wieder zusammenzufügen.

Die Welt, die ich geschaffen hatte, stürzte ein. Die Schatten meiner Vergangenheit tanzten wie Dämonen vor meinen Augen, und die Wirklichkeit verschluckte jeden Funken Hoffnung. Der Druck der Schuld lastete unerträglich schwer auf meinen Schultern, und die Reue fraß mich von innen auf.

In meiner Zelle fand ich keinen Trost, keine Erlösung. Die Einsamkeit war mein einziger Begleiter, und die Stille um mich herum war erfüllt von dem schmerzhaften Echo meiner Taten. Die Zellenmauern schienen sich mit jedem vergehenden Tag weiter zu verengen. Die Isolation fraß sich wie ein Krebsgeschwür in meine Seele. Jeder Atemzug fühlte sich an wie ein erstickendes Ringen um eine Freiheit, die ich längst verloren hatte. Der graue Beton der Untersuchungshaft spiegelte die Tristesse meines Inneren wider. Jeder Tag war eine unerträgliche Qual, und die Dunkelheit der Nacht brachte keinen Schlaf, sondern nur Albträume von meinen eigenen Grausamkeiten.

Die Entscheidung, die sich vor meinen Augen aufdrängte, erschien wie der letzte Ausweg aus diesem düsteren Labyrinth. Der Strick, den ich mir aus Bettlaken bereitete, wurde zum Symbol meiner eigenen verdienten Strafe, die ich nun selbst vollstrecken wollte. Der Tod, der in meinen Händen lag, versprach das Ende eines Albtraums, der nie hätte beginnen dürfen.

Endlich werde ich Frieden finden. Lebe wohl, geliebte Schwester.

ENDE

DER WAHRE FALL

Dieser Roman basiert auf der wahren Geschichte des Serienmörders.

https://de.wikipedia.org/wiki/Volker_Eckert

Volker Eckert (in diesem Roman Torsten Krause).
Geb.: 1.7.1959 in Oelsnitz/Vogtland
Gest.: 2.7.2007 in Bayreuth

Volker Eckert soll auch in normalen Beziehungen gelebt haben, weshalb ich Christa erfunden habe. Ob es Christa jemals gab, ist nicht belegt. Ebenso ist nicht nachgewiesen, dass Volker sie bei lebendigem Leib verbrannt hat.

ALLE PAIN MATRIX THRILLER HIER:

Eine Übersicht der Pain Matrix Thriller aller Autoren finden Sie hier:

https://www.joerg-piesker.de/pain-matrix/

SCHREIBEN SIE MIR

Wenn Ihnen der Roman gefallen hat, freue ich mich über eine faire Rezension bei Amazon und Ihre Weiterempfehlungen an Lesefreunde. Wenn nicht, so würde ich mich freuen, wenn Sie mir eine PN bei Facebook schreiben:

https://www.facebook.com/AutorJoerg/

ODER EINE E-MAIL AN:

pieskerg@googlemail.com

und mir den Grund dafür mitteilen.

ÜBER DEN AUTOR

Mehr über mich und meine Bücher erfahren Sie auf meiner **Website:**

https://www.joerg-piesker.de/

Oder auf meiner **Amazon-Autorenseite:**

https://www.joerg-piesker.de/AMZ

NEUERSCHEINUNGEN

Und wenn Sie keine Neuerscheinung verpassen wollen, melden Sie sich gern bei meinen Newsletter an:

https://www.joerg-piesker.de/ueber-mich/wolfsnacht-gratis-ebook/

MachenSie es gut, bleiben Sie gesund und mir gewogen – auf baldiges Wiederlesen.

Ihr Jörg Piesker

WEITERE BÜCHER DER REIHE

Der Kannibale

Er war der Schwächste.
Immer.
Bis er zurückschlug.

Der Weisse

John war ein Lamm.
Goebbels war sein Vorbild.
Eine tickende Zeitbombe.

DANKE

Kapitel 33– Danke

Ich danke der Landespolizeidirektion Erfurt für das Zurechtrücken meiner Vorstellungen davon, wie damals Informationen in Thüringen flossen und welche Möglichkeiten der Kriminalpolzei damals zur Verfügung standen..

* * *

Wenn ich meine Romane fertig geschrieben habe, überarbeite ich sie mehrfach. Fünf bis sieben Durchgänge sind normal. Erst danach gebe ich sie ins Korrektorat.

Obwohl ich mir meiner Sache zu diesem Zeitpunkt sicher bin, filtert das Korrektorat erstaunlich viele Fehler heraus. Danke, liebe Stefanie Brandt, an dieser Stelle, für deine zuverlässige Arbeit in all meinen Genres.

Dann gelangen die E-Books endlich zu meinen Testlesern. Zu diesem Zeitpunkt bin ich wiederum fest überzeugt, dass es keine Fehler mehr gibt.

Aber liebe Freunde, wie Bernd Kroll und Janette Fahlpahl

finden selbst dann noch etwas und geben mir ihr wertvolles Feedback.

Danke, dass es euch gibt und dass ihr die letzten Ungereimtheiten aus meinen Romanen herauskristallisiert.

Nach all diesen Testläufen habe ich ein gutes Gewissen, dass meine Romane kleine Schätze mit großem Lesegenuss sind.

Sollten Sie dennoch einen Rechtschreibfehler oder eine logische Ungereimtheit entdecken, so scheuen Sie sich nicht, mir das per PN in Facebook oder per Email pieskerg@googlemail mitzuteilen.

Ihr Jörg Piesker

Printed in France by Amazon
Brétigny-sur-Orge, FR

17795157R10133